O Trotskismo

Coleção Khronos
Dirigida por J. Guinsburg

Equipe de realização – Tradução: Alice Kyoko Miyashiro; Revisão: Plinio M. Filho; Produção: Ricardo W. Neves e Sylvia Chamis.

Jean-Jacques Marie
O Trotskismo

EDITORA PERSPECTIVA
25 Anos

Jean-Jacques Marie
O Trotskismo

Somos semelhantes a homens que tentariam escalar uma montanha e sobre os quais desabariam, sem cessar, avalanchas de pedras e de neve.

TROTSKI,
abril de 1939

Título do original francês:
Le Trotskysme

Copyright © Flammarion, 1977

Direitos reservados à
EDITORA PERSPECTIVA S.A.
Avenida Brigadeiro Luís Antônio, 3025
01401 – São Paulo – SP – Brasil
Telefones: 885-8388/885-6878
1990

SUMÁRIO

CRONOLOGIA 8
PRIMEIRA PARTE: OS FATOS 11
  1. Da unidade dos contrários à Revolução Permanente 12
  2. A aurora da Revolução Mundial 25
  3. A recusa de Termidor 31
  4. O recuo permanente 46
  5. O Gueto 56
  6. Da carnificina à Revolução Traída 79
  7. Um passo para trás, dois passos para frente 85
SEGUNDA PARTE: ELEMENTOS DO DOSSIÊ E ESTADO DA QUESTÃO 103
Documentos 104
O julgamento dos contemporâneos 133
Problemas e querelas de interpretação 137
  1. Trotski, o Trotskismo, Lenin e o Bolchevismo de 1904 a 1917 137
  2. Lenin, a Revolução de Outubro de 1917 e a Revolução Permanente 140
  3. Trotskismo e Stalinismo 144
  4. Por que Stalin venceu a Oposição? 148
BIBLIOGRAFIA 152

CRONOLOGIA

I. O VELHO TROTSKISMO E A REVOLUÇÃO PERMANENTE

1905   Trotski, presidente do Soviete de Petrogrado.
1906   TROTSKI: *Balanço e Perspectivas*.
1908   Trotski cria o *Pravda*, dito de Viena, jornal unitário além-facções.
1912   Bloco de Agosto, do qual Trotski é o elemento central.
1913   Trotski estimula a revista *Borba* e o grupo dos *Mejraiontsy*.
1915   Trotski, redator-chefe de *Nache Slovo*. Conferência de Zimmerwald.
1917   Trotski e os *mejraiontsy* entram no Partido Bolchevista, após três meses de trabalho em comum às vésperas da Revolução.

II. A REVOLUÇÃO PERMANENTE E O TROTSKISMO

1923   Cartas de Trotski e dos 46 ao CC (Comitê Central). TROTSKI: *Curso Novo*. Constituição da Oposição de Esquerda.
1924   TROTSKI: *As Lições de Outubro*. Início da "campanha literária".
1926   Constituição da Oposição Unificada.
1927   Declaração dos 83. Plataforma da Oposição. Exclusão dos oposicionistas do Partido.
1929   Trotski expulso da URSS. Publicação do nº 1 do *Boletim da Oposição*; e do nº 1 de *A Verdade*.
1930   TROTSKI: *A Revolução Permanente. A IC após Lenin*. Primeira Conferência internacional dos bolchevistas-leninistas. Nº 1 do *Boletim Internacional*.
1931   TROTSKI: *Os problemas da Revolução Alemã. A Alemanha, Chave da Situação internacional*.

1932	TROTSKI: *E Agora? A Revolução Alemã e a Burocracia Stalinista.* Conferência da Oposição em Copenhague.
1933	Declaração dos QUATRO. Os onze pontos.
1934	Programa de ação elaborado pelos trotskistas franceses.
1935	TROTSKI: *O Estado Operário, Termidor e Bonapartismo. A Burocracia Stalinista e o Assassinato de Kirov.*
1936	TROTSKI: *A Revolução Traída.* Primeira Conferência Internacional para a IV Internacional.
1938	TROTSKI: *Os Crimes de Stalin.* Conferência de fundação da IV Internacional.
1939	TROTSKI: *Sua Moral e a Nossa.* Crise no SWP (PST = Partido Socialista dos Trabalhadores) sobre a "natureza da URSS".
1940	Assassinato de Trotski. TROTSKI: *Defesa do Marxismo.*
1944	Conferência das organizações trotskistas européias.
1948	Segundo "Congresso Mundial" da IV Internacional.
1952	Exclusão da seção francesa da IV Internacional.
1953	A IV Internacional explode. Constituição do Comitê Internacional da IV Internacional.
1959	Criação da Socialist Labour League (SLL = Liga Socialista Trabalhista).
1963	Constituição do Secretariado Unificado.
1966	Terceira Conferência do Comitê Internacional.
1967	Proclamação da Organização Comunista Internacionalista (OCI). Dissolvida em 1968 pelo Governo Pompidou.
1969	Criação da Liga Comunista na França. A SLL publica *Worker's Press (Imprensa do Operário)*, primeiro jornal diário do mundo invocando o Trotskismo.

1972 Constituição do Comitê de Organização para a reconstrução da IV Internacional. A Assembléia Popular, "primeiro soviete da América Latina", é criada na Bolívia.

1976 Décimo Congresso Mundial do Secretariado Unificado: divisão entre a maioria e a oposição (facção Lenin-Trotski).

A OCI estabelece como objetivo uma organização de 6.000 militantes, antes da explosão da crise revolucionária na França.

PRIMEIRA PARTE

OS FATOS

CAPÍTULO I

Da unidade dos contrários à Revolução Permanente

1. Trotskismo e Partido

O Trotskismo nasceu da Revolução de 1905. Talvez, algumas de suas características tenham sido esboçadas antes, a partir da posição assumida por Trotski quando da cisão de 1903 e de suas conseqüências, mas a irrupção das massas no cenário histórico dará, ao mesmo tempo, sua coerência e uma dimensão nova a um conjunto bastante tênue de atitudes, tendências, reações, análises, até então estreitamente ligadas à cisão entre mencheviques e bolcheviques, enquanto a vaga revolucionária de 1905, por um momento, apagará os antagonismos entre as duas facções, que ela havia reunificado.

Se, de 1903 a 1917, o Trotskismo possui uma realidade política, que se exprime pelas próprias palavras de Trotski, mal tem expressão organizacional, considerando-se o postulado em que repousa neste domínio: a próxima vaga revolucionária derrubará, como em 1905, as divergências faccionais e ressoldará a unidade do Partido. "Além-facções", uma vez que as facções existentes são apenas obstáculos artificiais a essa unidade, Trotski recusa-se, pois, a constituir o seu próprio grupo político. Ao redor dele reúnem-se, na redação dos jornais que cria então (*Pravda*, dito de Viena; *Borba*), militantes que pouco têm de "trotskistas" a não ser a recusa da cisão, e ignoram a Revolução Permanente. Apenas a Guerra dará a estes reagrupamentos heteróclitos uma certa coerência ideológica: os internacionalistas, reagrupados em torno de *Golos, Nache Slovo, Natchalo, Novaia Epokha*[1], possuem uma orientação política, a qual não se baseia sempre necessariamente na Revolução Permanente, mas não constituem nem um partido nem uma facção. Por isso, com toda a razão, só é possível examinar o "Trotskismo", durante esses quatorze anos, apenas por meio das expressões, escritos e atos do próprio Trotski.

2. Da cisão de 1903 à Revolução de 1905

Por que aquele que se denominava "o bordão de Lenin" mudará de campo no curso do verdadeiro Congresso de fundação do Partido Operário Social-Democrata Russo (POSDR)? Trotski explicou-se no dia seguinte ao Congresso, denunciando o ultracentralismo de Lenin. Em *Minha Vida*, sublinhará sua recusa sentimental em aceitar a eliminação de dois "antigos" pilares do jornal *Iskra*, precisando:

MAS ERA APENAS NA APARÊNCIA; NO FUNDO, NOSSAS DIVERGÊNCIAS TINHAM UM CARÁTER POLÍTICO QUE SÓ SE MANIFESTOU NO DOMÍNIO DA ORGANIZAÇÃO.
Eu me considerava centralista. Porém, é indubitável que, nesse período, eu não via de nenhum modo, de forma completa, até que ponto centralismo rigoroso e imperioso seria necessário ao Partido Revolucionário para conduzir milhões de homens ao combate contra a velha sociedade (...) Ao tempo do Congresso de Londres, de 1903, a Revolução era ainda a meus olhos, em grande parte, uma abstração teórica. O centralismo leninista não procedia ainda, para mim, de uma concepção revolucionária clara, definida de forma independente.

A causa profunda da ruptura é, de fato, a divergência radical que separa, na época, Lenin e Trotski sobre a questão do Partido. Recheado de insultos contra Lenin, *Nossas Tarefas Políticas* é um longo ataque à con-

---

1. Títulos sucessivos do mesmo jornal.

cepção centralista do Partido definida em *Que Fazer?* Trotski denuncia o que denomina de "substitutismo", ou seja, a substituição do instrumento que o Partido é para as massas, para a sua atividade e para a sua consciência, por um pequeno grupo de intelectuais, preparados com as penas da História. Afirma:

> Dois métodos de construção do Partido estão em destaque: o fato de querer *pensar pelo* o proletariado, e o *substitutismo* político do proletariado, opõem-se à *educação* política do proletariado e à sua *mobilização* política para exercer uma pressão racional sobre a vontade de todos os grupos e partidos políticos.

Ao colocar em paralelo os "economistas", que se arrastam atrás do proletariado que eles se recusam a dirigir refletindo a sua consciência imediata, e os "políticos" (isto é, os bolcheviques), que também não podem dirigir o proletariado porque "eles mesmos preenchem suas próprias funções" e "tentam transformar a *História em sua própria causa*", Trotski estigmatiza o centralismo bolchevista pela fórmula, que fará carreira contra a sua própria vontade:

> Na política interna do Partido, estes métodos levam a Organização do Partido a "substituir" o Partido, o Comitê Central a substituir a Organização do Partido, e, finalmente, um "ditador" substitui o Comitê Central.

Logo em desacordo político com os mencheviques partidários de uma aliança com a burguesia liberal, hostil ao centralismo bolchevique, Trotski, desde o fim de 1904, situa-se "além-facções", colocando a unidade do Partido acima e além das divergências políticas. Esta constitui então, e até 1917, um dos traços característicos do "Trotskismo": o Partido deve ser a reunião ampla de todas as facções ou tendências, que se valem da Social-Democracia, como a Internacional. Esta aspiração sentimental à unidade dá a Trotski e a suas pobres tropas uma importância desproporcionada a seu número, pois manifesta uma das aspirações permanentes de inúmeros militantes e de numerosos quadros da Social-Democracia, desde os bolcheviques conciliadores do Comitê Central, em 1904, até os bolcheviques ou mencheviques exilados, que se organizarão, em 1913, em torno da revista *Borba* e constituirão, nessa data, o grupo *Mejraionka* (ou interdistritos). Lenin ridiculariza essa aspiração sentimental, apelidando Trotski de "o tocador de balalaica", e é esta questão – e não a Revolução Permanente – que uma divergência aparentemente irreconciliável, e muito violenta a partir de 1911, separará os dois homens: a conjunção entre a atitude pessoal de Trotski e de alguns de seus companheiros com as aspirações de numerosos militantes e quadros bolcheviques (como Stalin, Molotov, Rykov, Raskolnikov, Kamenev etc.) à unidade dará ao "Trotskismo" sua consistência real sobre o problema da Organização. Daí seu perigo para Lenin, atrelado pacientemente à construção deste instrumento indispensável: o Partido.

3. O Trotskismo após 1905

O refluxo, que acompanhou o malogro da Revolução, abala duramente o movimento operário russo, que ele quase desmantela. Nos combates ferozes, que dilaceram o POSDR (Partido Operário Social-Democrata Russo) até a Guerra, o "Trotskismo" não desempenha quase senão o papel representado pessoalmente por Trotski, guia de um pequeno grupo "além-facções", que põe a "unidade" do Partido, amplamente aberto, acima de tudo, e denuncia as "fumaças do divisionismo", em suma, desempenha o papel de um cavaleiro sem tropas e que pouco busca tê-las.

Se bem que ele tenha levantado Trotski contra Lenin durante quatorze anos, e embora neste caso a palavra "trotskismo" represente o que Lenin denomina o "centrismo" (nessa questão), o problema do Partido é *circunstancial*. Ele está relacionado a uma época em que, à exceção do Anarquismo à margem, todo o movimento operário organizado está unido no seio de uma Segunda Internacional atravessada pelas mais diversas correntes e onde os bolcheviques, aliás, não constituem nem tendência nem facção internacional. Este período termina no dia 2 de agosto de 1914.

Em compensação, a teoria da Revolução Permanente, elaborada por Trotski e o social-democrata alemão Parvus, logo após a Revolução de 1905, como produto de sua reflexão sobre esta revolução vencida, constitui o fundamento do que se tornará o "Trotskismo" e a contribuição essencial de Trotski ao Marxismo, que o diferencia radicalmente de todas as outras correntes que dele se valem desde a morte de Lenin.

Preso no dia seguinte à dissolução do Soviete de São Petersburgo, de que era o presidente, Trotski reflete sobre a experiência completa. Esta reflexão gera um capítulo de sua obra *Nossa Revolução* (1907) intitulado *Balanço e Perspectivas*, onde, diz Deutscher, "Trotski expõe completamente, mas com uma secura quase matemática, sua teoria da Revolução Permanente".

Ele questiona os esquemas então comumente aceitos nas diversas tendências da Social-Democracia Russa: a Revolução vindoura devia ser uma Revolução democrático-burguesa tendo por função varrer os restos do Feudalismo e da Monarquia, que freavam o desenvolvimento do Capitalismo na Rússia.

Trotski opõe a seguinte análise, na qual se baseia a teoria da Revolução Permanente, que resumirá assim, em 1919, em seu prefácio à reedição de *Balanço e Perspectivas*:

(...) começando como burguesa, em suas tarefas imediatas, a Revolução Russa desenvolverá rápido poderosas contradições de classe e só chegará à vitória ao transferir o poder à única classe capaz de permanecer à frente das massas exploradas: o proletariado.
Uma vez no poder, o proletariado não só não desejará, como não poderá limitar-se ao programa democrático-burguês. Não poderá conduzir a Revolução até o fim, a não ser que a Revolução Russa se transforme em Revolução do proletariado europeu. É, dessa forma, que o programa democrático-burguês da Revolução Russa e seus quadros nacionais serão superados; a hegemonia política temporária da classe operária se consolidará em ditadura socialista durável. Se a Europa permanecer passiva, a contra-revolução burguesa não suportará um governo das massas trabalhadoras na Rússia e de novo lançará o país bem para trás, bem para aquém de uma república democrática dos operários e dos camponeses. Alcançado o poder, o proletariado não deverá, pois, se restringir aos quadros da democracia burguesa, mas desenvolver a tática da Revolução Permanente, ou seja, abolir a fronteira entre o programa mínimo e o máximo da Social-Democracia, avançar, de modo contínuo, rumo a reformas sociais mais profundas e buscar um apoio direto na Revolução no Ocidente europeu (...) (Prefácio, de 1919, à reedição de *Balanço e Perspectivas*, p. 5-6.)

O campesinato trabalhador será o aliado do proletariado, sob a hegemonia deste último, que arrastará as massas do campesinato por todo o tempo que dirigir a Revolução democrático-burguesa, isto é, eliminará os vestígios do Feudalismo, mas, ao passar à etapa socialista, o proletariado verá erguer-se contra si camadas importantes do campesinato, ligadas à propriedade privada. Nesta fase, a relativa fraqueza do proletariado russo, fruto da fraqueza relativa da indústria russa, constituirá um pesado fardo; e o proletariado russo não poderá continuar sua marcha para frente a não ser que a Revolução se estenda aos países altamente industrializados da Europa.

Nesse momento, os Partidos Social-Democratas, "que engendraram seu próprio conservadorismo, e seu principal líder, o Partido Alemão", correm o risco de desempenhar um papel de freio:

> Considerando este conservadorismo, a Social-Democracia, enquanto organização que encarna a experiência política do proletariado, pode tornar-se, num determinado momento, um obstáculo direto no desenvolvimento de um confronto brutal entre os trabalhadores e a reação.

A Revolução próxima, contudo, que apagará na Rússia as fumaças do divisionismo, talvez inflame o proletariado europeu, para além do conservadorismo de suas organizações.

E a demonstração termina com uma profecia:

> O proletariado russo, uma vez no poder, mesmo que seja apenas em conseqüência de uma conjuntura temporária de nossa revolução burguesa, enfrentará a hostilidade combinada da reação mundial (...). Os operários não terão outra possibilidade senão ligar o destino de sua dominação política, e por isso mesmo o de toda a Revolução Russa, ao da Revolução Socialista na Europa.

Dessa forma, dez anos após Fachoda (atual Kodok), onde o encontro, no coração da África, entre o Comandante Marchand e os destacamentos de Lorde Kitchener, simbolizava a unificação do planeta num mercado mundial homogêneo sob o tacão dos imperialismos concorrentes, Trotski definia o fundamento do "Trotskismo" – não o "Trotskismo" contra o qual Lenin se ergueu (o "centrismo" na questão do Partido), mas o "Trotskismo" que ressurgirá, mais tarde, da luta contra o "Socialismo num só país" – como *a unidade mundial da luta das classes*. Os combates travados pelos proletariados de cada país, ou por esta ou aquela de suas facções, constituem todos uma parte de um todo, o confronto geral entre o proletariado e a burguesia. A luta de classes tornou-se internacional, como a circulação do capital e a flutuação dos preços. Os ritmos, as formas, e a evolução desses combates muito diversos combinam as particularidades nacionais e sofrem o peso das heranças, mas sua interação, mesmo inconsciente, é permanente. Esquecê-la é deixar-se enganar pelas aparências e generalizar indevidamente os ritmos e as formas de uma História nacional. Assim fazem os mencheviques, assim fará a Internacional Comunista uma vez stalinizada. E Trotski, internacionalista conseqüente, é "unitário" no Partido Russo, como o é na Internacional.

No Congresso de Londres (1907), onde Lenin tenta conquistá-lo, ao salientar que ele se reaproximou consideravelmente do Bolchevismo, Trotski ataca as duas facções em presença e afirma que apenas uma muralha de papel os separa. No entanto, escreverá algumas palavras mais tarde:

> Se os aspectos anti-revolucionários do Menchevismo já aparecem por completo, as características anti-revolucionárias do Bolchevismo correm fortemente o risco de não se manifestarem a não ser por uma vitória revolucionária.

O Menchevismo é, a seus olhos, em parte anti-revolucionário por sua política de aliança com a burguesia liberal, e o Bolchevismo, por seu centralismo ditatorial; um, por seu *conteúdo*, o outro, por seus *métodos*. Trotski, ao separar assim completamente – senão opondo – conteúdo e método, despreza a dialética que exporá, de modo brilhante, trinta anos mais tarde, em *Defesa do Marxismo*...

Trotski reúne então, ao seu redor, uma equipe de intelectuais (Skobelev, Simkovski, Riazanov, Uritski, Kopp, Ioffé), com os quais, de outubro de 1908 a 1912, dirige, de início em Lvov, depois em Viena, um pequeno jornal de periodicidade irregular, o *Pravda*, que, pretendendo endereçar-se aos "operários" aos quais desejava "servir e não dirigir", lançava patéticos apelos à "unidade do Partido". O programa definido no editorial do nº 1 girava em torno dos *slogans*: "Não dirigir, mas servir!; Não dividir, mas unir!; Combater o divisionismo, superar as divergências!", que a redação comentava dessa forma:

> Em toda a sua atividade, o *Pravda* sustentará o ponto de vista de que o princípio (a lei) comum e obrigatório para todos: *a unidade da luta das classes* deve manter-se acima de todas as divergências de opinião e de facções.

O exemplo da Revolução de 1905 inspira-lhe a idéia de que a Revolução próxima, sozinha, destruirá os obstáculos divisionistas detrás dos quais ele não vê as divergências políticas crescentes:

> Em 1905, é a Revolução, que, com um só gesto, unificou nossa tática e transformou em um órgão único e coerente a poeira dos comitês, dos círculos e dos grupos. (*Pravda*, nº 4.)

Esses apelos à unidade são populares nas fileiras do Partido, mas Trotski não reagrupa nenhuma força séria em torno dele, talvez porque não haja nenhuma ligação real entre essa atitude e a teoria da Revolução Permanente, a não ser a idéia-avatar de que a Revolução transgredirá espontaneamente as divergências que no passado ela relegará. Sua política conhece um breve momento de glória quando, em janeiro de 1910, as duas facções consentiram em dissolver-se, em fundir-se e em livrar-se – os mencheviques, de sua ala direita (os liquidacionistas), os bolcheviques, de sua ala esquerda (os boicotadores)[2]. O Comitê Central decidiu, então, reconhecer o *Pravda* de Trotski, subvencioná-lo agradecendo os serviços prestados à unidade do Partido e designou Kamenev, bolchevista moderado e cunhado de Trotski, como representante do CC no *Pravda*. Os mencheviques, porém, romperam o compromisso, recusaram-se a excluir os liquidacionistas, que constituíam boa

---

2. *Liquidacionistas:* partidários só da luta legal, logo, do aniquilamento do Partido ilegal; *boicotadores:* partidários só da luta ilegal, portanto, do boicote às eleições.

metade de suas forças, e Trotski dispôs-se ao lado deles. Deutscher assim define as inconseqüências dessa atitude, que cavou um fosso entre Trotski e os bolcheviques, que só a Revolução de Fevereiro começará a cobrir:

> Porque, num sentido, esta desavença podia ser considerada como um conflito entre os partidários da disciplina e os defensores do direito de oposição, Trotski tomou partido contra os primeiros. O que o levou ao caminho das inconseqüências manifestas. Ele, o campeão da unidade, fechou os olhos, em nome da liberdade de oposição, sobre a nova divisão do Partido, provocada pelos mencheviques. Ele, que glorificava a clandestinidade com um zelo digno de um bolchevista, estendeu a mão àqueles que queriam eliminar a clandestinidade, como embaraçadora e perigosa. Enfim, o inimigo figadal do Liberalismo burguês compôs uma frente comum com os partidários da aliança com o Liberalismo contra os adversários ferozes de uma tal aliança.

Em janeiro de 1912, a facção bolchevique, baseando-se no novo surto da luta das classes na Rússia, testemunhado pelo desenvolvimento rápido das greves, constituiu-se, na Conferência de Praga, no POSDR e publicou, em São Petersburgo, um jornal diário legal, o *Pravda*... Os mencheviques replicaram, fundando um *Comitê de Organização*, que impeliu Trotski a convocar, em agosto de 1912, uma Conferência de todas as tendências do Partido em Viena. Os bolcheviques recusaram-se a ir à Conferência. O heterogêneo Bloco de Agosto, que reunia os "liquidacionistas", o Bund, os mencheviques, os "boicotadores" do jornal *Vperiod*, o grupo de Trotski constitui uma coalizão antibolchevique, cujo único alicerce era o apelo à unidade e que se desagregou antes mesmo de existir realmente.

Trotski retoma, no entanto, sua tentativa, em bases muito mais estreitas; no fim de 1913, é um dos organizadores e inspiradores do grupo *Mejraionka*, que reúne, em São Petersburgo, antigos bolchevistas, antigos menchevistas e "além-facções", decididos a lutar, a qualquer preço, pela unidade da Social-Democracia Russa; é também um dos redatores da "revista operária marxista além-facções" *Borba*, publicada em São Petersburgo, a partir de março de 1914 por Pokrovski e Lunatcharski, e que se atém aos mesmos objetivos. A apresentação do nº 1, onde se reconhece o estilo de Trotski, desenvolve longamente o seguinte tema: o movimento operário russo passou da era da *intelligentsia* à era dos operários avançados, mas veicula, apesar da aspiração à unidade que emerge de suas fileiras, os "costumes e os procedimentos herdados da época da dominação inconteste da facção da *intelligentsia* marxista". É preciso lutar pela unidade; reunir as forças do movimento operário, "depurar sua consciência da estreiteza divisionista e da impaciência sectária (...)".

Ao colocar "o espírito divisionista" como uma realidade em si, independente de todo conteúdo político, Trotski era levado a lhe opor aspirações vagas e sentimentais à unidade ridicularizada por Lenin, que qualificava Trotski de "tagarela e pretensioso", e a considerá-lo como o inimigo principal.

Reclassificando de um golpe todos os componentes do movimento operário, a Primeira Guerra Mundial iria, cruelmente, sublinhar a vaidade desses apelos para substituir à "consciência divisionista a colaboração regular e fraternal em todos os domínios do movimento operário". À testa dos combates operários, que agitam São Petersburgo em julho de 1914, o Partido Bolchevista iria encontrar-se só ou quase só, à exceção de alguns indivíduos, dentre os quais Trotski, à ponta da luta contra a guerra imperialista e contra o desmoronamento da II Internacional, para a construção de uma nova Internacional brotada dos restos do Social-Chauvinismo.

4. A experiência da Guerra

Jaurès, que afirmara: "o Capitalismo traz em si a guerra, assim como a nuvem traz a tempestade", assassinado, a flor no fuzil, a barbárie inunda as valsas de Viena, Jérôme Coignard e os heróis melancólicos de Tchekov... A II Internacional e o sindicalismo revolucionário alinham-se. Em marcha, camaradas, em marcha...

A guerra, o desmoronamento da Internacional e as rupturas, que se produzem em quase todas as tendências, parecem por um momento justificar as concepções do Partido de Trotski. Do anarquista Jean Grave a Plekhanov, os dirigentes operários se acotovelam na União

Sagrada. O bolchevista Chliapnikov afirma: "Se estivesse na França, eu me alistaria na Legião Estrangeira". Porém, apenas na Rússia, o Partido Bolchevista resiste à tormenta que o abala, o enfraquece, o isola, mas não o destrói.

Desde 1º de novembro de 1914, Lenin afirma:

A II Internacional está morta (...) Viva a III Internacional! À III Internacional cabe a tarefa de organizar as forças do proletariado em vista do ataque revolucionário contra os governos capitalistas, da guerra civil contra a burguesia de todos os países, pelo poder político, pela vitória do Socialismo.

Trotski extrai dos acontecimentos lições quase semelhantes. Numa brochura, redigida em setembro-outubro de 1914, *A Guerra e a Internacional*, define a natureza da Guerra Mundial, produto da explosão das forças produtivas contra as fronteiras nacionais, que as dividem e as atormentam: a barbárie da Guerra Mundial é a ilustração em negativo da Revolução Permanente.

A guerra atual brota da revolta das forças produtivas geradas pelo Capitalismo contra sua exploração no quadro das fronteiras nacionais. O globo terrestre todo inteiro, mares e continentes, superfície e profundezas, já se tornou a arena de uma economia política, em que todas as partes estão indissoluvelmente ligadas umas às outras.

É o Capitalismo que concluiu essa unidade. Todavia, é ele também que coage os Estados capitalistas a lutar para submeter esta economia mundial aos interesses de cada economia nacional. A política do imperialismo testemunha que o velho Estado Nacional, criado no curso das Revoluções e das Guerras de 1789, 1815, 1848, 1859, 1864-1866 e 1870, sobrevive-se a si mesmo e aparece como um entrave insuportável ao desenvolvimento das forças produtivas. A Guerra de 1914 significa, antes de tudo, o desmoronamento do Estado Nacional como área econômica autônoma. Embora a nacionalidade ainda constitua uma realidade cultural, ideológica e psicológica, sua base econômica evaporou-se.

O desencadeamento dos imperialismos rivais, que desejam, cada um, unificar o planeta, ou, de início, primeiro a Europa sob o seu tacão, engendra inevitavelmente a explosão: "Em vez da grande potência nacional deve adiantar-se a potência mundial imperialista".

A essa unificação impossível pelo fogo e pelo sangue, o proletariado não deve substituir a defesa de uma pátria caduca, mas opor a "criação de uma pátria bem mais potente e sólida: os *Estados Unidos Republicanos da Europa*[3], fundamento dos Estados Unidos do Mundo".

Nesse quadro, "a tarefa primeira e imperiosa da Social-Democracia é combater o Czarismo, que busca, de início, na Áustria-Hungria e nos Bálcãs um mercado para lá instaurar seus métodos nacionais de pilhagem, de roubo e de violência". A Guerra torna este combate tanto mais urgente, uma vez que consumou a destruição do liberalismo burguês já bastante débil:

> A Guerra de 1914 significa a aniquilação total do liberalismo russo, faz do proletariado russo o único portador da luta emancipadora e integra estreitamente a Revolução Russa à Revolução social do proletariado europeu.

O movimento operário acompanhou as fronteiras nacionais em sua queda:

> A ruína da II Internacional é uma realidade trágica, e seria necessário ser cego ou covarde para recusar-se a vê-la (...) Assim como os Estados Nacionais tornaram-se um obstáculo ao desenvolvimento das forças produtivas, do mesmo modo os velhos Partidos Socialistas transformaram-se no principal obstáculo ao movimento revolucionário do proletariado.

Desde janeiro de 1915, Trotski disso extrairá, em *Golos* (nº 100), a conclusão lógica; ele fará um apelo para "reunir as forças da III Internacional".

A linha de clivagem entre Lenin e Trotski passa pelo "derrotismo revolucionário", onde Lenin quer traduzir, de forma notável, a estratégia que visa transformar a Guerra imperialista em Guerra civil e a que Trotski opõe a afirmação: "É interesse do Socialismo que a Guerra termine sem vencedores nem vencidos". Esta posição que depende, ao mesmo tempo, do voto e de uma séria eventualidade (após a batalha da Marne, a guerra das trincheiras parecia instalar-se numa duração ilimitada), junta facilmente as parcas forças, que se unem na luta contra o Social-Chauvinismo e a Guerra. Por isso, na Conferência dessas forças em Zimmerwald (setembro de 1915), primeiro esboço da futura Internacional, Trotski redige nessa linha o *Manifesto*, adotado por unanimidade.

---

3. Formulação logo substituída por *Estados Unidos Socialistas da Europa*.

Nesse panorama, Trotski persegue seus esforços de reunião dos social-democratas russos zimmerwaldianos, tentando manter a balança igual entre os bolcheviques e Martov, hostil à Guerra, mas que se nega a romper com seus amigos mencheviques ultrapatriotas. Contudo, a lógica política, num período tão brutal, é mais forte que a lógica das aspirações. Em *Nache Slovo*, jornal que sucede ao *Golos*, no fim de janeiro de 1915, e do qual é o co-diretor, Trotski expõe seus desentendimentos com os mencheviques desde 1913.

A equipe de *Nache Slovo* constitui, talvez, o tipo de reunião unitária que Trotski sempre tentou pôr em atividade até 1917: Martov, Lozovski, Riazanov, Manuilski, Sokolnikov, Pokrovski, Tchitcherin, A. Kollontai, Uritski, Radek, Racovski, Maiski, Antonov-Ovseenko, e Trotski, formam o Estado-Maior mais representativo e mais brilhante das diversas nuanças do movimento operário russo hostil à Guerra, mas, como escreve Deutscher: "Os membros do comitê de redação estavam unidos na sua oposição à Guerra e ao Social-Patriotismo, mas fora isto representava nuanças variadas de opinião", divididas em três tendências: a ala direita (Martov), que se nega a romper com o Menchevismo; a ala esquerda pró-bolchevista (Manuilski, Lozovski, Sokolnikov); no centro, Trotski, que não queria romper com Martov, porém teve de se decidir em abril de 1916, alguns meses após a publicação no *Nache Slovo* de um artigo que afirmava "como única saída para os Internacionalistas a fusão com os leninistas".

Em dezembro de 1916, Lenin observa, aliás, no artigo *A Facção Tchkeidzé e seu Papel:*

> Ao blasfemar totalmente contra o "divisionismo", *Nache Slovo* e Trotski, sob a pressão dos fatos, voltaram cada vez mais a lutar contra o Comitê de Organização e Tchkeidzé; mas é apenas "sob a pressão" (de nossa crítica e da dos fatos) que os homens de *Nache Slovo* recuaram de posição em posição sem pronunciar ainda a palavra decisiva.

A Revolução de Fevereiro se encarregará de pronunciá-la por eles.

CAPÍTULO II

A Aurora da Revolução Mundial

Fevereiro de 1917: a Rússia czarista desmorona; as massas expulsam a mais frágil das burguesias preparadas na Guerra e, pela segunda vez em doze anos, criam seus sovietes. Alguns dias após o Comitê Executivo provisório dos Sovietes, constitui-se o Governo provisório do Príncipe Lvov, ao qual a maioria da direção bolchevista decide fornecer o seu apoio crítico... No dia 3 de abril, à tarde, após ter atravessado a Alemanha num vagão que jamais foi sondado, Lenin clama para a delegação do Soviete que foi acolhê-lo: "A aurora da Revolução Socialista Mundial resplandece (...) Viva a Revolução Socialista Mundial!" Declara:

> A Rússia vive a *transição* da primeira etapa da Revolução, que deu o poder à burguesia, em conseqüência do grau insuficiente de consciência e de organização do proletariado, para a sua *segunda etapa*, que deve dar o poder ao proletariado e às camadas pobres do campesinato.

Destruição do Aparelho de Estado burguês, "todo o poder aos Sovietes", controle da economia pelos Sovietes... e, por fim, necessidade de "tomar a iniciativa da criação de uma Internacional Revolucionária", pois é a

"Revolução Socialista Mundial" que a segunda etapa da Revolução na Rússia anuncia..., e não mais a Revolução "democrático-burguesa", para a qual Lenin preparara os bolcheviques durante treze anos. E os quadros velhos-bolchevistas torcem o nariz e sussurram: "Lenin pratica o Trotskismo".

Lenin responde:

> As palavras de ordem e as idéias dos bolchevistas foram, no conjunto, inteiramente confirmadas pela História; mas, na *realidade concreta*, os fatos se passaram de outro modo que nós não podíamos (e ninguém podia) prever; de maneira mais original, mais curiosa, mais variada (...) a fórmula do camarada Kamenev, inspirada no velho Bolchevismo "A Revolução democrático-burguesa não terminou" (...) envelheceu. Ela não é mais boa para nada. Ela está morta.

Lenin vai mesmo, neste caso, até considerar a criação de um novo partido, a partir do velho núcleo bolchevista: "Fundemos um Partido Comunista proletário; os melhores partidários do Bolchevismo já criaram os elementos para isto", escreve a 9 de abril, e, nas *Cartas sobre a Tática*, coloca ainda na ordem do dia "a constituição de um Partido proletário, comunista"... O fosso que separava Lenin e Trotski cobre-se depressa, tanto no domínio da concepção da Revolução como no do Partido, de tal modo que Trotski cessa de correr atrás dos fantasmas da unidade impossível.

Reentrando em Petrogrado um mês depois de Lenin, Trotski convoca a multidão, que o espera e o carrega sobre seus ombros em meio a bandeiras vermelhas, a passar à segunda etapa da Revolução... Seu primeiro discurso, a 5 de maio, termina com o apelo para "transferir todo o poder aos Sovietes" e com o grito "Viva a Revolução Russa, prelúdio da Revolução Mundial". No dia 7 de maio, os bolcheviques e os *mejraiontsy* organizam uma recepção conjunta a Trotski; a 10 de maio, com Lenin e Trotski, eles se reúnem para discutir a sua fusão. Confirmando o seu acordo político total com Lenin, Trotski precisa: "Não posso me definir como um bolchevique. Não é desejável se colar a velhos rótulos!" Último sobressalto das lembranças divisionistas de outrora que a marcha da Revolução depressa iria apagar. "A Revolução Russa não é senão uma primeira etapa da primeira das Revoluções proletárias, inevitavelmente engendradas pela Guerra", proclama Lenin na Sétima Conferência Pan-Russa do POSDR e a Resolução que ele faz sancionar no Comitê Central, no dia 10 de outubro, põe a insurreição na ordem do dia, apoiando-se nesta análise:

> O Comitê Central reconhece que, tanto a situação internacional da Revolução Russa (a sublevação da frota alemã, como sinal extremo do impulso, em toda a Europa, da Revolução Socialista Mundial, a seguir, a ameaça de paz dos imperialistas, que teria como objetivo sufocar a Revolução na Rússia), quanto a situação militar (...), quanto o fato de que o Partido proletário tenha conquistado a maioria nos Sovietes (...), tudo isso coloca na ordem do dia a revolta armada.

Essa análise corresponde àquela de Trotski, e o velho "Trotskismo" se dissolve, como de si mesmo, nesse Bolchevismo que Lenin acabava de distinguir do "velho-Bolchevismo". Ele apenas mantém alguma consistência nas aspirações à "unidade socialista", ainda fortes em Trotski; eleito Presidente do Soviete de Petrogrado, assegura uma Direção colegiada (com os S.-R. de esquerda e os mencheviques) no Comitê Executivo do Soviete e mesmo no Comitê Militar revolucionário do Soviete encarregado de preparar a insurreição! Lenin protesta contra esta atitude. Quando, porém, no dia seguinte à tomada do poder, a direita bolchevista lutou por um governo socialista homogêneo, reunindo bolcheviques, S.-R. e mencheviques, e do qual seriam excluídos — conforme as exigências desses dois últimos Partidos — Lenin e Trotski, este último se recusará a ceder às sereias da unidade. Lenin falará então, a 1º de novembro de 1917, no Comitê de Petrogrado: "Trotski disse há muito tempo que a unificação era impossível. Trotski compreendeu isso e, desde então, não houve melhor bolchevique".

Afastado esse último obstáculo, o "Trotskismo" se aprofunda nas querelas do passado, apagadas pela Revolução de Outubro, que viu nascer um Partido Bolchevista, que supera de muito longe, em sua natureza e em sua composição, o velho núcleo pré-Guerra. Um certo número de escolhas fundamentais ou circunstanciais, de Trotski como Comissário do Povo nos Negócios Estrangeiros, sobretudo na Guerra, não têm quase nenhuma relação com o "Trotskismo" pré-1917 ou pós-1924: as clivagens que se esboçam sobre o problema dos oficiais czaristas ou da centralização no Exército Vermelho, sobre a "militarização dos sindicatos", como a atitude de Trotski no aniquilamento da Revolta de Cronstadt, que ameaçava fazer explodir uma Rússia soviética exangue e faminta, problemas todos estranhos a esse passado e que não se ligam ao futuro senão na medida em que o "Trotskismo" pós-1924 assume, frente ao Stalinismo, a continuidade do Bolchevismo.

1. Brest-Litovsk

É o que se verá a propósito de Brest-Litovsk. Nesta questão, a historiografia stalinista pouco variou: ela denuncia a "traição" de Trotski...

A Revolução de Outubro, desde sua origem, arraigava-se em dois decretos: o Decreto sobre a Terra, que, concedendo o solo aos camponeses, logo se introduziu nos acontecimentos; e o Decreto sobre a Paz, que "convidava os governos e os povos de todos os países a encetar, logo, negociações públicas para a conclusão da paz", "de uma paz sem anexação e sem indenização", que teve menos eco... Apenas as potências centrais responderam, enquanto as trincheiras russas se esvaziavam lentamente. Um armistício foi concluído, e as negociações foram iniciadas, a 9 de dezembro, em Brest-Litovsk. Aí, os alemães logo manifestaram um vigoroso apetite de anexações.

Desde então, duas grandes posições esboçaram-se na Direção e em todos os escalões do Partido Bolchevista: a favor da guerra revolucionária, ou a favor da assinatura da paz, retardada o mais longamente possível. Trotski está de acordo com Lenin, ao mesmo tempo, CONTRA a guerra revolucionária e por uma atitude dilatória tendente a repelir a assinatura do "tratado infame" em ligação com a ascensão do movimento das massas no Ocidente. No Comitê Central, em 11 de janeiro, declara: "A questão da guerra revolucionária é uma questão irreal"; em 22 de fevereiro, retoma: "Todos os argumentos falam contra uma guerra revolucionária". Por seu lado, Lenin afirma:

> Existe no Ocidente um movimento de massas, mas a Revolução lá ainda não começou (...) Se nós acreditarmos que o movimento alemão poderia desenvolver-se imediatamente, no caso de uma ruptura das negociações de paz, devemos sacrificar-nos, considerando que a Revolução Alemã seria de uma força superior à nossa.

Ele precisa sobre esta questão central – a ligação entre a Revolução Russa, concebida unicamente como o primeiro elo da Revolução Socialista Mundial, e os outros elos:

> A Alemanha é apenas o recinto da Revolução, ao passo que nós, já podemos apresentar um recém-nascido, vigoroso, a República Socialista, que podemos matar, ao começar a Guerra.

E define bem exatamente a posição de Trotski:

> O que o camarada Trotski propõe – interromper a guerra, recusar assinar a paz e desmobilizar o exército – é, na verdade, uma demonstração política internacional.

É, nesse momento, que começam as desavenças e, de nenhum modo, sobre a concepção geral (ligar as negociações de paz e a situação internacional) com a qual o próprio Stalin está de acordo, que, ademais, sustenta, em 19 de janeiro, "a proposição intermediária representada pela posição de Trotski" e que, em 23 de fevereiro, declara: "Nós também apostamos na Revolução (no Ocidente), mas, enquanto vocês calculam por semanas, nós calculamos por mês".

Trotski subordina o curso das negociações a uma demonstração que deve, ao mesmo tempo, revelar ao proletariado europeu a falsidade dos boatos difundidos pelos Anglo-Franceses e seus socialistas, substituídos pelos social-democratas alemães majoritários, sobre a comédia montada de antemão entre o Kaiser e os bolcheviques e, simultaneamente, erguê-los contra o seu governo. No próprio dia em que o Alto Comando Alemão pôs fim ao armistício (18 de fevereiro) e em que começa a ofensiva-treino (simulada) das tropas alemãs, Trotski declara:

Não é impossível que uma ofensiva alemã provoque uma explosão séria na Alemanha. É necessário esperar o efeito e, neste caso, sempre se pode propor a paz, se ela não chegar completamente só[1].

É nesse ponto que a fragilidade de sua posição surge: – ele, que explicará, mais tarde, que é pior confundir os tempos em política do que em gramática, substitui então à análise dos *prazos* – sobre o que Lenin insiste – a esperança num "efeito" possível, em que ninguém pode apostar que seja "imediato". Desde que as tropas alemãs reataquem, enquanto o proletariado alemão ainda não se sublevou, a fórmula "nem guerra nem paz" perde toda a sua eficácia propagandística, agitadora e mesmo diplomática. No dia 23 de fevereiro, Lenin afirma: "A Revolução Alemã ainda não está amadurecida. Ela necessitará de vários meses. É preciso aceitar as condições"[2]. Ele vence. Trotski abstém-se, demite-se do Comissariado do Povo nos Negócios Estrangeiros e como, no mesmo dia, o Comitê Central, unânime, vota SIM à questão "Devemos preparar imediatamente a guerra revolucionária?", ele se torna Comissário para a Defesa, a fim de organizar o Exército Vermelho, criado também nesse mesmo dia.

---

1. Todas essas declarações são extraídas dos debates do Comitê Central, publicados apenas em 1929. Cf. *Les bolcheviks et la révolution d'Octobre* (Maspero 1961).
2. Basta, para apreciar em seu justo valor, o parentesco, estabelecido pela historiografia stalinista, entre as posições de Trotski e as dos "comunistas de esquerda", citar dois dos argumentos desses últimos: "É justamente nossa fibra que poderia fazer explodir a Revolução no Ocidente" (Oppokov). "Nós deveríamos morrer com um belo gesto, a espada na mão, bradando: A paz é a desonra! A honra é a guerra!" (Bukharin-Radek).

CAPÍTULO III

A Recusa de Termidor

O manifesto adotado pela Internacional Comunista, quando de sua Conferência de fundação em março de 1919, terminava com um apelo à Revolução Socialista Mundial:

> Seus inimigos mortais impõem à classe operária a Guerra Civil. Se ela não quer suicidar-se e renunciar ao seu futuro, que é o futuro de toda a Humanidade, a classe operária não pode evitar responder aos golpes de seus agressores com golpes (...) A tarefa do Partido Comunista Internacional é a de derrubar a ordem burguesa e edificar, em seu lugar, o regime socialista.

A Internacional proclamada nascia, entretanto, em condições difíceis – no momento mesmo em que acabava de sofrer sua primeira derrota na cidadela do Capitalismo: o esmagamento da Revolução Alemã, em janeiro de 1919, e o assassinato dos líderes mais capazes do jovem PC Alemão, Rosa Luxemburgo, Karl Liebknecht, depois Leo Jogisches (Tyschko). Algumas semanas mais tarde, a República dos Conselhos da Baviera, a seguir da Hungria, estava afogada no sangue; os movimentos, que abalam a classe operária francesa e a italiana, em

1919 e 1920, privados de direção, são reabsorvidos como convulsões sem amanhã.

O esmagamento da greve geral insurrecional de março de 1921, na Alemanha, reflete e agrava o refluxo da vaga revolucionária engendrada na Europa pela Guerra, na ausência de partidos capazes de dirigir os trabalhadores no ataque ao "velho mundo".

Devastada pela Guerra Civil, que lhe custou sete milhões de mortos, a Rússia está em ruína: algumas centenas de milhares de operários esfaimados, em parte camponeses, trabalham nas fábricas deterioradas, com máquinas usadas, cujo mercado negro engole as peças e os produtos, e recebem seu salário com meses de atraso. No dia 6 de março de 1921, o *Pravda* escreve: "As privações sofridas pelos trabalhadores são tão grandes que seu enfraquecimento tornou-se o principal problema do dia". Em 1921, a Rússia produz 78 locomotivas, a produção de fundição representa 2% da produção de antes da Guerra, a dos metais fundidos 4% e o conjunto da produção industrial 20%. Durante dois anos, a madeira tornou-se o combustível essencial da indústria. Substituído pela requisição ou reduzido à troca mais primitiva, o comércio não é mais do que uma lembrança. Desde 1920, as rebeliões camponesas sacodem esse país dividido, devastado, no início de 1921, pela Revolta de Cronstadt e pela penúria do Baixo Volga, que ressuscita o canibalismo.

Em agosto de 1922, a greve geral malogra na Itália e, em outubro, Mussolini toma o poder. A estabilização momentânea do Capitalismo, de que o Fascismo italiano encarna a revulsão bárbara, isola a União Soviética e aí tem repercussões profundas. Neste país faminto, dividido e exangue, onde a destruição das forças produtivas pela Guerra Civil atingiu proporções gigantescas, o isolamento reforça de forma considerável o Aparelho do Estado e do Partido, que foram constituídos e confundidos durante a Guerra Civil para responder às necessidades militares e proliferaram, a fim de organizar o "comunismo de guerra" imposto pela luta encarniçada contra os "brancos"*. A NPE (NOVA POLÍTICA ECONÔMICA), para afrouxar a pressão, reintroduz a livre iniciativa econômica, que oferece um vasto campo de ação às categorias sociais por ela favorecidas (especialistas, técnicos, comerciantes, componeses ricos, traficantes etc.) e que impregna o Partido: em 1923, um terço dos adeptos do Partido Bolchevista são proprietários de uma loja ou de uma chácara...

Em dezembro de 1922, Lenin escreve sobre o Aparelho de Estado soviético:

> Chamamos nosso um Aparelho, que, de fato, continua para nós totalmente estranho, uma miscelânea burguesa e czarista, que nos era, em absoluto, impossível transformar em cinco anos, enquanto estávamos privados da ajuda dos outros países e enquanto nossas "preocupações" essenciais eram a guerra e a luta contra a fome.

Herança do passado, este Aparelho está pronto, por sua natureza e seu papel, a refletir os interesses das camadas sociais lesadas pela Revolução, frente a um proletariado muito enfraquecido.

Inquieto pela burocratização crescente do Partido e do Estado, alarmado pelo desenvolvimento do chauvinismo grão-russo, primeira emanação do "Socialismo num só país" em gestação, Lenin, imobilizado em seu leito de enfermo, começa uma luta, onde não pode, de início, adivinhar qual é o seu verdadeiro adversário. Em todos os problemas – constituição da URSS (em que se opõe ao projeto ultracentralista sustentado por Stalin); monopólio do comércio exterior (em que se ergue contra o enfraquecimento desse monopólio, de que Bukharin se gaba, apoiado por Stalin); questão da Geórgia (em que fica indignado contra as perseguições de que são vítimas os comunistas georgianos, que se negam a aceitar a política centralizadora chauvinista de Ordjonikidze, o procônsul de Stalin); a transformação da Inspetoria Operária e Camponesa (cujo chefe é Stalin); o recenseamento dos funcionários soviéticos (que Stalin se recusa a comunicar a Lenin, pois este revela ruidosamente

---

Brancos = componentes do EXÉRCITO BRANCO, que combateu os bolchevistas na Ucrânia e na Criméia, em 1920, chefiado pelo General Wrangel (N. da T.).

o formigamento tentacular das Secretarias, de que Stalin é a emanação); — em todos esses problemas, ele se choca com Stalin, chave de cúpula, expressão e manipulador de um Aparelho, de quem Bukharin escreve então:

> Mesmo a origem proletária, as mãos mais calosas e outras qualidades tão notáveis, não são uma garantia suficiente contra a transformação dos elementos proletários privilegiados numa classe nova.

Lenin alia-se, neste caso, a Trotski, mas em 9 de março de 1923, um último ataque o fulmina e, da aliança que formara, permanece então só Trotski, que hesita em iniciar, solitário, um combate, cujo desafio histórico não pode quase aparecer para ninguém; apenas seis anos depois de Outubro, dois anos depois de Cronstadt, em plena correção perigosa da NPE, iniciar a luta contra Stalin e o Aparelho não seria incriminar a unidade frágil do Partido, que acaba de destruir a burguesia, de ganhar a Guerra Civil, e que sustenta a URSS na extremidade do braço? Trotski luta apenas no terreno econômico — diante da crise denominada das "tesouras" (ou seja, a variação crescente entre os preços industriais, que sobem, e os preços agrícolas, que caem), propõe um remédio: o *planejamento*, destinado a acionar a indústria pesada. A maioria escolheu o *status quo*. Esta divergência traz, em estado embrionário, o confronto futuro.

A política empirista da Tróica (Stalin, Zinoviev, Kamenev), que deixa os acontecimentos seguirem o seu curso, suscita uma chama de descontentamento entre os trabalhadores; uma onda de greves operárias inunda a URSS durante o verão de 1923. No mesmo instante, a crise que devasta a Alemanha onde, de janeiro a agosto de 1923, o marco sofreu uma queda vertiginosa, se aprofunda. A efervescência revolucionária sacode a classe operária alemã e ganha o Partido e a juventude soviética. Bukharin, sempre na crista da História, encoraja os estudantes soviéticos a jogarem seus livros para pegarem em fuzis e partirem rumo à Alemanha, na hora em que Djerjinski, o chefe da GPU (Polícia Política Soviética de 1922 a 1934), observa: "O declínio de nosso Partido, a extinção de nossa vida interior, a substituição da eleição pela nomeação, estão a se tornar um perigo político".

Essa conjunção dá forma e conteúdo à Oposição de Esquerda, que inicia o combate em outubro de 1923. Trotski envia ao Comitê Central uma carta denunciando o regime interno burocrático do Partido ("A burocratização do Aparelho do Partido desenvolveu-se em proporções inauditas, por meio do método de seleção dos secretários.") e pede ao CC para corrigir a situação. Uma semana mais tarde, 46 militantes endereçam ao CC uma declaração acusando o regime do Partido e a política econômica empirista da Direção, a que eles opõem a democracia interna e o planejamento, único meio, a seus olhos, de prevenir a crise econômica que está iminente.

Nada há de especificamente "trotskista" nessas duas reivindicações, às quais a Direção responde pela acusação de "faccionismo" − "faccionismo", que ainda não recebe rótulo político.

O CC decide, entretanto, abrir nas colunas do *Pravda* uma discussão, que vai girar, de um só golpe, em torno da democracia interna. E, a 2 de dezembro, Stalin adverte: "É necessário pôr limites à discussão".

A Direção tenta acalmar a insatisfação por um compromisso aceito por Trotski. Com efeito, se os 46 proclamam: "O regime estabelecido no Partido é totalmente intolerável; destrói a independência do Partido, substituindo este último por um Aparelho burocrático selecionado", se Trotski resume o desafio da luta no *Curso Novo* (8 de dezembro) ao escrever: "O Partido deve submeter-se a seu próprio Aparelho, sem cessar de ser uma organização centralizada", o "Curso Novo" anunciado visa endireitar o Partido e modificar a política da Direção e, de modo algum, propor uma Direção suplente para a qual, naturalmente, a Tróica o culpa de tender, acusando-o de faccionismo.

Dessa forma, explica-se o comportamento aparentemente ambíguo de Trotski, votando a 5 de dezembro a Resolução unânime do B.P. (Bureau Político), que institui o Curso Novo, e publicando 5 dias mais tarde no *Pravda*, sob este título, uma carta onde afirma a necessidade de combater, para que a Resolução de 5 de dezembro não permaneça letra morta: "Hoje, diz, os burocratas estão formalmente prontos para 'tomar nota' do 'Curso Novo', isto é, *praticamente para enterrá-lo*".

Esse apelo à luta, que se dirige sobretudo para a juventude, faz renascer, desta vez de forma pública, o conflito. Para pregar uma peça na Oposição, a Direção coloca a discussão no terreno do combate contra... *o Trotskismo*. No dia 15 de dezembro, Stalin afirma que Trotski não deve se contar entre os velhos-bolchevistas, e Zinoviev prefere: "O Trotskismo é uma tendência bem definida no movimento operário". Colocar o rótulo de "Trotskismo" nas duas reivindicações – democracia interna e planejamento –, é apresentá-las como a seqüência de lutas faccionais anteriores à Revolução, como a ressurreição do antigo Trotskismo, ou seja, de uma concepção do Partido apagada pela História, ressurreição bem perniciosa no instante em que Lenin se cala e em que a derrota da Revolução Alemã impele os quadros e os militantes a cerrarem fileiras em torno de um Partido, que lhes surge como o último baluarte, isolado, da Revolução que retrocede.

Os limites nos quais se encerra o combate da Oposição de Esquerda são então ditados por uma situação internacional e interna, que ela não pode dominar. Sua luta para corrigir a política da Direção não se pode transformar em luta *contra* a Direção e *contra* o Aparelho a não ser no momento em que esta Direção e este Aparelho aparecessem como dirigentes de uma política contrária aos interesses fundamentais do proletariado, depois como representantes de interesses hostis àqueles do proletariado.

Se Trotski evoca a eventualidade de tal degenerescência "termidoriana"[1] do Partido Bolchevista no *Curso Novo*, ninguém sugere que ela esteja em curso. Desde então, a Tróica, por um instante abalada e a um passo de ser um fracasso em Moscou, não pode senão retomar o controle das operações. O Secretariado se in-

---

1. Em analogia à reação representada por Termidor frente à Revolução Francesa. O termo só será utilizado a partir de 1926, diante da ascensão dos *nepmen* (novos ricos) e dos *kulaks* (camponeses ricos).

cumbe de seu combate político, envia os oposicionistas de grande classe ao estrangeiro como diplomatas, e remove, destitui, lisonjeia, ameaça ou promove os outros. Stalin evoca, numa ladainha de zombarias alusivas, o "democratismo inesquecível" de seus adversários.

O Secretariado demite, sem consulta prévia, 15 membros do Comitê Central dos Komsomols (União dos Jovens Comunistas), que envia em "missão" para a Sibéria, falsifica as eleições na XIII Conferência do Partido (janeiro de 1924), onde a Oposição só obtém três votos, na ausência de Trotski, que ficou, desde o fim de dezembro, fora de um combate, de que ele se nega talvez a aceitar as conseqüências ainda imprevisíveis e dilacerantes: seis anos após a Primeira Revolução Proletária vitoriosa da Humanidade, o Partido Bolchevista iria já degenerar?

Desde o seu nascimento, a Oposicão de Esquerda é, além disso, dividida por uma contradição que reflete, num grau mais dramático ainda, o isolamento do Partido Bolchevista Russo na Internacional Comunista em ascensão; seu combate é, em cada uma de suas etapas, estreitamente dependente do encadeamento da luta das classes internacionais e se inscreve *apenas* dentro do Partido Russo, único depositário da experiência singular, que a Revolução de Outubro representa, porém mais que qualquer outro abalado e sacudido pelo refluxo da Revolução européia e mundial, já que está à frente do único Estado operário existente.

A luta da Oposição de Esquerda modela-se, então, sobre uma evolução histórica, de que domina apenas o julgamento que mantém sobre ela. Os êxitos que alcança até na GPU não provam, aliás, que o Partido não sofreu, desde Outubro, nenhuma transformação *qualitativa*? O esmagamento da Revolução Alemã a condena à apatia.

Em outubro de 1923, a burguesia alemã triunfa, de fato, pela terceira vez do proletariado mais poderoso da Europa, cuja derrota anuncia a ascensão do Fascismo, que vai estrangular um pouco mais ainda a União Soviética.

Essa derrocada mais ou menos confusamente percebida por todo o Partido, e a burocratização do Partido, acarretam uma onda de suicídios entre velhos revolucionários (Lutovinov, Evguenia Bosch etc.), estimulam o esquerdista Bukharin a buscar o remédio para o isolamento na santificação do isolamento e do mujique (= camponês russo), e dissolvem com efeito, a Oposição de Esquerda, privada de perspectivas imediatas. O Partido se submete a um regime de força, o Aparelho doravante sempre nomeado, jamais eleito, proíbe toda discussão, aprova as pessoas rebeldes e promove as submissas.

1. A Campanha Literária

Um episódio de aparência secundária desperta o "monstro" do Trotskismo e revela a profundidade da evolução política da União Soviética. No começo do outono de 1924, Trotski publica o terceiro volume de suas *Obras Completas, 1917*, precedido de um prefácio, *As Lições de Outubro*, onde sublinha a importância do papel do Partido, e de sua Direção, para transformar uma situação revolucionária em Revolução e lembra das hesitações do Comitê Central e da atitude de Zinoviev e de Kamenev em outubro de 1917.

Desde o lançamento do volume (logo retirado das livrarias), toda a máquina do Partido e da Internacional é mobilizada para denunciar o "Trotskismo"; a única resposta de Trotski, *Nossas Desavenças*, é proibida. A Tróica lança uma campanha de denúncia do "Trotskismo", cujos pecados capitais Stalin assim caracteriza:

1) A Revolução Permanente (no sentido trotskista) é a Revolução sem levar em consideração os pequenos agricultores como força revolucionária. A Revolução Permanente consiste, para empregar os termos de Lenin, em "saltar" por cima do movimento camponês ou em "jogar com a tomada do poder".
2) O Trotskismo é a desconfiança em relação ao Partido Bolchevista.
3) O Trotskismo é desconfiança em relação aos dirigentes do Bolchevismo, uma tentativa para desacreditá-los. (Discurso na Sessão Plenária da facção comunista do CC dos Sindicatos, em 19 de novembro de 1924.)

Algumas semanas depois, as definições serão nítidas: a Revolução Permanente é "uma subestimação" do movimento camponês, que conduz à *negação* da teoria leninista da Ditadura da proletariado", é "uma das variedades do Menchevismo", é a "desesperança permanente" (Stalin, no *Pravda* do dia 20 de dezembro de 1924).

2. O "Socialismo num só País"

Quanto ao desafio, Stalin o exprime claramente nesse último artigo de dezembro de 1924 por uma fórmula nova: a edificação do Socialismo num só país. Não satisfeito em denunciar a Revolução Permanente como uma "desesperança" permanente, que apenas ofereceria à Revolução Russa, na expectativa da Revolução Mundial, uma só perspectiva: "vegetar em suas próprias contradições e apodrecer em pé, aguardando a Revolução Mundial", ele apresenta o antídoto: a construção do Socialismo[2] dentro das fronteiras da URSS. Com uma fórmula, Stalin responde, ao mesmo tempo, às aspirações do Aparelho do Estado e àquelas das diversas camadas sociais, às quais a NPE deu um novo alento: aos camponeses ricos e médios; aos traficantes; aos comerciantes; aos intermediários ávidos de viver e de usufruir os momentos que o intervalo entre o caos de ontem e o desconhecido do amanhã lhes deixa; aos funcionários cansados de anos de desordem; aos técnicos; aos especialistas, e aos oficiais de um imenso Exército desmobilizado, num país que mal se restabelece de suas ruínas e da miséria.

A adoção dessa teoria pela Direção do Partido Bolchevista e, a seguir, desde abril de 1925, pela Executiva da Internacional Comunista, tende a modificar a natureza das lutas internas do Partido. As conseqüências práticas imediatas não tardam: Bukharin, o ideólogo oficioso da Direção, proclama o "Socialismo a passos lentos"; a Direção multiplica os esforços para atrair o campesinato, que constitui a imensa maioria do país e que, sozinho, portanto, pode fornecer o excedente ne-

---

2. Nas *Questões do Leninismo*, em 1926, ele dirá: "da sociedade socialista integral".

cessário aos investimentos. No dia 17 de abril de 1925, Bukharin lança o apelo: "Devemos dizer aos camponeses, a todos os camponeses, que eles devem ficar ricos!", e essas riquezas servirão para construir o Socialismo. Apenas os camponeses ricos (*kulaks*), que produzem um excedente digno deste nome, pois "a orientação para o camponês" significa, de fato, "a orientação para o *kulak*", que Bukharin deseja "integrar pacificamente no Socialismo". O perigo de "Termidor", ou seja, de uma reação parcial, torna-se preciso aos olhos da Oposição.

Na primavera de 1926, quase 60% do trigo comercializável encontram-se nas mãos de 6% dos camponeses. A fase de reconstrução industrial da URSS se completava então; a URSS reencontrava o nível de produção de 1914, mas com um material gasto, fábricas consertadas, máquinas desusadas. A fim de passar da "improvisação" (= *bricolage*) para o planejamento, seria necessário, pois, liberar recursos novos. A Direção espera que o *kulak* irá fornecê-los sem torcer o nariz...

Essa política lesa os operários, que pagam uma parte crescente dos impostos diretos e sofrem o contragolpe do aumento relativo dos impostos indiretos em relação aos impostos diretos. O Aparelho do Partido se divide: a máquina de Leningrado, a velha capital proletária, ergue-se contra a máquina nacional; vencida no Congresso de dezembro de 1925, ela é desmantelada após quatro meses de esforços permanentes dos homens de Stalin, conduzidos por Kirov, que, ao cabo de uma centena de reuniões de expurgo, pode murmurar vitória.

Numa base comum, embora frágil, a junção da Oposição de Esquerda e da nova Oposição de Zinoviev-Kamenev é inevitável, dando origem, em abril de 1926, à Oposição Unificada.

A Oposição Unificada baseia-se num compromisso entre as duas tendências originais e seus diversos componentes. Ela não retoma, por sua conta, a teoria da Revolução Permanente, à qual muitos de seus membros são hostis. E, no dia 15 de dezembro de 1926, Kamenev, Zinoviev e Trotski encaminharão uma Declaração sem ambigüidade sobre a extensão desse compromisso:

É falso que nós defendemos o Trotskismo. Trotski afirmou diante de toda a Internacional Comunista que, em todas as questões de princípio, quaisquer que fossem, que ele polemizou com Lenin, foi Lenin quem teve razão e, em particular, na questão da Revolução Permanente e do campesinato.

Esse compromisso repousa numa hostilidade comum à orientação política decorrente da proclamação da construção do Socialismo num só país – o apelo crescente ao mercado privado, o apoio no *kulak* e no *nepman*, e se traduz por uma tripla exigência: *industrialização, coletivização, planejamento*.

Ele não tem sentido a não ser em relação aos objetivos precisos da Oposição Unificada, que se coloca sobre o terreno da *reforma* do Partido e de sua política. No Comitê Central de junho de 1926, seus 13 representantes lêem uma Declaração que propõe uma plataforma política. Se não há acordo entre nós e a Direção, dizem os 13, por uma luta comum, a Oposição Unificada combaterá para se tornar majoritária e assegurar a Direção do Partido. A ambigüidade desta atitude é que, para endireitar o Partido e sua política (o que significa ganhar uma parte, ao menos, da Direção), a Oposição deve funcionar como uma *tendência* que respeita a estrita legalidade do Partido, enquanto luta contra a Direção de um Partido, cuja natureza social e função política se transformam pouca a pouco, e que se nega a admitir a discussão política. A Direção mobiliza turmas de homens fortes, oral e fisicamente, por ela despejados de caminhões nas reuniões, onde os oposicionistas tentam se expressar, e que vaiam, berram, batem o pé ou, do contrário, o punho. Stalin comenta: "É a voz do Partido". Ela abafa, em todo o caso, a voz da Oposição, após seus êxitos iniciais.

Por isso, em 16 de outubro de 1926, a Oposição recua, para evitar uma cisão ameaçadora. Esse recuo cristaliza suas tendências internas para a desagregação. Seu combate desenrola-se, com efeito, em condições muito difíceis, a partir do momento em que não pode funcionar como uma tendência com todo o direito. A ausência de perspectivas internacionais, capazes de modificar o quadro geral desse combate desde o esmagamento da

Revolução Alemã, basta para engendrar o duplo perigo do "sectarismo" (criar um segundo Partido) e do "oportunismo" (inclinar-se perante a Direção, à espera de tempos melhores).

A ascensão da Revolução Chinesa e a política da Direção do Partido Bolchevista (apoio total ao Partido Burguês, o Kuomintang, e a seu líder, Chiang Kai-Chek, hostilidade a toda ação autônoma dos comunistas chineses mantidos no seio do Kuomintang contra seu pedido, etc.) ressoldam uma Oposição, desmoralizada por seu isolamento. Doravante, a ligação entre a política pró-*kulak* de Stalin na Rússia e sua política de subordinação do movimento operário à burguesia nacional, por meio do Kuomintang na China, lhe surgia clara.

Em março de 1927, Chiang Kai-Chek chega diante de Changai. Os operários se sublevam. Chiang exige que eles deponham as armas. De Moscou, a Internacional Comunista lhes ordena: "Enterrai as armas!" e proíbe os regimentos pró-comunistas do Exército de Chiang de se unirem aos insurretos. No dia 6 de abril, Stalin declara, perante uma assembléia de 3.000 militantes, em Moscou: "Chiang Kai-Chek submete-se à disciplina", a da Executiva da Internacional, da qual ele era membro honorário. Uma semana mais tarde, Chiang entra em Changai e lá massacra, aos milhares, os operários desarmados, cujos cadáveres enchem as ruas e as caldeiras de locomotivas. A 21 de abril, Stalin afirma: "Os acontecimentos provocaram inteiramente a exatidão da linha seguida" e convida os comunistas chineses a sustentar o governo Kuomintang de esquerda de Hankeu, que logo vai liquidá-los.

O Oposição tenta mobilizar o Partido contra sua Direção, que acaba de conduzir a Revolução Chinesa a uma derrota sangrenta. Em maio de 1927, lança o apelo dos 83, em nome dos 83 velhos bolchevistas, que, ao criticar a política da Direção na China, sua colaboração com os dirigentes sindicalistas reformistas britânicos no Comitê Sindical Anglo-Russo durante a greve de 1926, e sua política de apoio ao campesinato rico, apelam para a abertura de uma verdadeira discussão no Partido, a fim de preparar o XV Congresso. Ela colhe 3.000 assinaturas, embora contasse com 20.000: a Oposição talvez tenha, razão, quando acusa os responsáveis pela derrota, mas esta mesma derrota dela afasta milhares de quadros e de militantes desmoralizados.

A Direção prepara a exclusão da Oposição, que responde pela redação de uma plataforma que o Secretariado se nega a difundir no Partido.

Com base nos três pilares – planejamento, coletivização e industrialização –, a plataforma visa *corrigir* a política de um Partido, de que ela julga que ainda não sofreu nenhuma transformação qualitativa decisiva; também a Oposição não possui nenhuma atividade faccional e não edita o menor boletim. "Nós condenamos sem equívoco toda tentativa de criar um segundo Partido (...) Nossa tarefa não é criar um segundo Partido, mas corrigir a orientação do PC russo soviético."

Legalista, a Oposição deve, no entanto, entrar na ilegalidade para imprimir a sua plataforma. Um agente da GPU, antigo oficial do Exército Branco, do Barão Wrangel, se introduz na impressora clandestina e Stalin pode denunciar a ligação objetiva entre os guardas-brancos e a Oposição. Desde então, a batalha torna-se pública. A Oposição multiplica as reuniões e os encontros.

Stalin pede ao Comitê Central, nos dias 21, 22 e 23 de outubro, para expulsar Zinoviev e Trotski de suas fileiras, o que consegue. No dia 7 de novembro de 1927, os oposicionistas decidem participar das manifestações oficiais da comemoração do décimo aniversário da Revolução de Outubro, com seus próprios cartazes e suas próprias palavras de ordem: "Abaixo o *kulak*, o *nepman* e o burocrata! Apliquem o testamento de Lenin! Manutenção da unidade bolchevique!". A prova de força se encerra com uma derrota da Oposição, isolada pelo trabalho da classe, abalada, dividida... Nos dias seguintes, seus líderes são expulsos.

Isolada, vítima do esmagamento da Revolução Chinesa, que desmoraliza o Partido – depois ela mesma – e impele a maioria dos militantes a cerrarem fileiras em torno da Direção, pois a derrota priva, manifestamente, a Oposição de Esquerda de perspectivas no instante imediato, a Oposição explode. A derrota *concreta* da Revolução Chinesa pesa, de modo claro, mil vezes mais grave do que a justeza *abstrata* de sua argumentação. No dia 16 de novembro. Adolphe Ioffé se suicida. No XV Congresso, aberto a 2 de dezembro, Stalin anuncia: "A Oposição deve capitular inteiramente e sem condição, tanto no plano político quanto no plano da organização". Os zinovievistas estão prestes a aceitar. Primeira condição que lhe é imposta: "Condenar abertamente o Trotskismo como uma ideologia antibolchevique a anti-soviética". O velho núcleo da Oposição de Esquerda declara-se decidido a continuar o combate. Mil e quinhentos oposicionistas tomam o caminho da deportação. Exilam Trotski em Alma-Ata. Racovski, Muralov, Smilga e Radek afirmam:

> Expulsos do Partido, nós tudo faremos para nele reentrar. Expulsam-nos por nossas idéias. Nós as consideramos como bolchevistas e leninistas. Não podemos renunciar a elas.

Quatro anos mais tarde, no entanto, a maior parte dos grandes nomes da Oposição, aí incluídos os dos mais corajosos (Racovski, Sosnovski), serão reconciliados, terão "capitulado", e a Oposição se reduzirá a Trotski, exilado, e a núcleos trotskistas sólidos, mas isolados nos campos de concentração...

O fato é que, mal a Oposição foi excluída, o *kulak* faz aparecer sua relutância em se deixar integrar, de modo pacífico, no Socialismo: — enquanto a produção cresce, os camponeses se negam, brutalmente, a entregar seu trigo e seu centeio, os estoques diminuem rápido, a miséria ameaça as aldeias, o Governo deve comprar centeio no Canadá. Constrangida e forçada, a Direção penetra no caminho da coletivização, do planejamento e da industrialização, ferindo repetidamente os oposicionistas de Esquerda, que não cedem. Para coletivizar, para industrializar, e para planejar, Stalin deve se voltar contra a Direita majoritária no país. No fim de 1929, a Direita é aniquilada, o Primeiro Plano Qüinqüenal proclamado, e os colcoses (aí incluídos os colcoses gigantes...) pululam. Não é a linha da Esquerda que a Direção aplica, mesmo que sua modificação brutal erga contra ela a quase totalidade das campanhas, postas em andamento a golpes de metralhadoras e pela deportação maciça? Em todo caso, o vento da reconciliação – Trotski dirá da "capitulação" – sopra entre os 8.000 "trotskistas" deportados. No dia 14 de julho de 1929, Radek, Preobrajensk e Smilga, se reconciliam, publicamente, com a Direção, e desde então as defecções não param de se multiplicar, ao mesmo tempo que, nos campos, cresce uma geração de jovens trotskistas anônimos, sem cessar reforçada pelas detenções de "trotskistas" reais ou supostos, que se desencadeiam, desde o começo de 1929. Todas as "capitulações" – da de Radek, Smilga e Preobrajenski (1929) à da de Racovski e Sosnovski (1934) – são devidas ao mesmo processo político: os oposicionistas, que se reconciliam, colocam-se apenas no quadro da União Soviética e de sua política interna, só se determinam a partir deste ou daquele sobressalto dessa política interna, esquecem o restante do mundo e reduzem a luta de classes internacional ao problema do perigo de agressão que ameaça a URSS. A "democracia" posta de lado, Stalin lhes parece retomar, em linhas gerais, o programa da Esquerda.

No entanto, a política internacional da Burocracia, caracterizada pelo *slogan* "esquerdista" – "A Social-Democracia e o Fascismo são irmãos gêmeos" – prepara a vitória do Fascismo e a derrota do Proletariado na Alemanha e na Espanha: os 20 milhões de trabalhadores soviéticos, mortos de 1941 a 1945, serão o preço dessa política.

CAPÍTULO IV

O Recuo Permanente

1. A Oposição de Esquerda internacional se organiza

A expulsão de Trotski da URSS, no início de 1929, vai modificar as dimensões do combate da Oposição. Por força dos acontecimentos, e isto foi uma de suas fraquezas irremediáveis, a Oposição se definia em relação ao Partido Russo, e só possuía existência política no Partido Russo. Suas ligações internacionais eram muito tênues e, amiúde, artificiais: este ou aquele dirigente estrangeiro se reconciliava com a Oposição por considerar que Trotski tinha razão *sobre os problemas russos*. A Oposição recrutou, desse modo, "personalidades" (Paz, Suvarin) sem ligação direta com a luta de classes em seus países; seus militantes definiam-se quanto à luta interna no Partido Bolchevista. Dessa forma, Rosmer e Monatte excluídos do PC no fim de 1924, por terem combatido os métodos "palacianos", impostos pela "bolchevização" da Internacional Comunista no PC Francês, ou seja, a colocação, desde 1924, de quadros dóceis, escrevem numa carta aberta aos militantes do Partido: "Julgamos que é Trotski, no momento atual, que pensa e age, de verdade, dentro do espírito de Lenin, e não aqueles que o perseguem por seus ataques, ostentando o manto do Leninismo". A plataforma da Oposição de Esquerda de 1927 é, ademais, bastante discreta sobre os problemas internacionais e não contém nenhuma perspectiva de organização internacional: é a plataforma da Oposição *Russa*...

Essa "tara" inicial era uma herança histórica: o único Partido Comunista verdadeiro fora o Partido Bolchevista Russo. Os outros eram apenas núcleos ou organizações social-democratas de esquerda, "bolchevizados" à pressa pelo Aparelho da Internacional.

A primeira tarefa que Trotski se propõe, mal-acaba de chegar a Prinkipo, é construir a Oposição em escala internacional. De início *politicamente*, quando então publica *A Internacional Comunista após Lenin*, escrita em 1928, que define as tarefas da Oposição a partir da análise minuciosa da política da Internacional. Desde julho de 1929, edita o nº 1 do *Boletim da Oposição*. Quase não alimenta ilusões:

Caminhamos para tempos tão difíceis que deve ser precioso, para nós, todo amigo da idéia e, mesmo, todo amigo da idéia *possível*. Seria cometer um erro imperdoável repelir grosseiramente um e, com muito mais razão, todo um grupo, por uma avaliação imprudente, uma crítica parcial ou um exagero das divergências de pontos de vista,

escreve no dia 31 de março de 1929. Ele exige, contudo, que as idéias sejam claras...

Primeira idéia clara: a "degenerescência termidoriana" da URSS não se completou, logo, não é irreversível; também a Internacional Comunista é sempre o instrumento da Revolução proletária, controlada por uma Direção, cuja orientação política a conduz à falência. Em abril de 1929, afirma: "De diversos lados, procuram atribuir-nos o projeto de criar uma IV Internacional: – é uma idéia inteiramente falsa". E, em março de 1930: "A concepção de Stalin leva à aniquilação da Internacional Comunista", mas os erros apenas constituem uma linha política falsa, que *tende* a representar, cada vez mais, os interesses específicos de uma casta privilegiada – a Burocracia –, refração do imperialismo no seio do Estado operário em via de degenerescência. Por todo o tempo que a tendência é apenas tendência, qualquer que seja a ferocidade da repressão contra a Oposição de Esquerda na URSS, o papel desta última é tentar tudo para *endireitar* o Partido e a Internacional. O combate contra o recurso aos critérios subjetivos e morais é uma preliminar ao esclarecimento, que se efetua em torno de problemas internacionais.

A Oposição forma-se atualmente, escreve, fundamentando-se numa *delimitação ideológica*, portanto, do ponto de vista dos princípios, e não numa *ação de massas;*

e define, assim, as três questões clássicas, que

fornecem um critério decisivo que permite apreciar as tendências existentes no Comunismo mundial: essas questões são, em primeiro lugar, a política do Comitê Anglo-Russo; em segundo, o curso seguido pela Revolução Chinesa; em terceiro, a política econômica da URSS em ligação com a teoria do Socialismo num só país.

Ao que foi dito acima, Suvarin, numa longa carta onde afirma que "o Bolchevismo fora da Rússia malogrou", responde:

A história do "Comitê Anglo-Russo", as peripécias do "Kuomintang" e as complicações da NPE, permanecem muito obscuras para a unanimidade dos comunistas dos dois hemisférios, exceto para alguns de cada país diretamente interessado. (...) Por exemplo, eu não arriscaria uma opinião sobre o momento oportuno da "palavra de ordem dos Sovietes" na China, sem destacar, de uma consulta contraditória a chineses dignos de confiança, na falta de uma pesquisa no lugar, a idéia gerada pela palavra soviete, traduzida ou não em chinês, no espírito dos proletários de lá, sem saber a que corresponderia a noção deste sistema representativo na mentalidade das massas.

Essa crítica epistemológica passa ao lado do problema: para Trotski, se cada partido nacional deve levar em maior conta as características nacionais do país onde se constitui, ele não pode, na era do imperialismo unificador do planeta, definir-se por elas; toda organização revolucionária deve, para sê-lo, definir-se por sua estratégia internacional, já que todos os problemas políticos são internacionais por natureza... A Oposição deve, portanto, determinar-se em relação aos problemas, que com mais clareza revelaram a orientação geral da Internacional Comunista e não em relação a esta ou aquela questão de envergadura puramente nacional. Trotski especifica no nº 1 do *Boletim*: "A Oposição apresenta-se como uma facção internacional e não é senão enquanto tal que tem o direito de existir". Todavia, as condições em que ela se constrói, a partir de 1929, no início de uma crise profunda do Capitalismo, de que a Internacional Comunista nada extrairá, mas cujas convulsões engendrarão um novo refluxo da vaga revolucionária e o Fascismo, pesarão cada vez mais, de modo grave, sobre ela. Ela se organiza de forma lenta: a Oposição Norte-americana desde 1928; em 1929, a Oposição Alemã proveniente da fusão de quatro grupos; a Oposição Grega em 1931 contará com 1.400 militantes (mais do que o PC oficial); a Oposição Espanhola ao redor de Nin e de Andrade; a Oposição Chinesa, conduzida pelo ex-secretário do PC Chinês, Tchen-Du-Siu, detido em 1931 pelas tropas de Chang Kai-Chek, e a Oposição Italiana, nascida de uma cisão do grupo bordigista *Prometeo*, sob a direção de P. Tresso (Blasco), o ex-secretário para a organização do PC Italiano.

Ao lutar pelo endireitamento dos PCs e da Internacional, e destituindo, pois, todos os partidários da criação de segundos PCs, a Oposição propõe aos militantes desses partidos numa outra política alternativa ao "terceiro período" que a IC definiu como o da radicaliação revolucionária das massas, e que Trotski define como o "terceiro período dos erros da Internacional Comunista", a política da Frente Única Operária, sob a direção do PC.

2. A Ascensão do Fascismo e a Frente Única

A crise econômica e financeira, que assola a América do Norte em outubro de 1929, repercute com uma violência particular na Alemanha, cuja indústria moderna e concentrada depende de suas exportações maciças e está sequiosa de créditos. A derrocada do mercado financeiro, a limitação contínua das exportações, e as falências que se seguem lançam centenas de milhares de operários na rua e o estreitamento do mercado interno arruína centenas de milhares de pequenos camponeses e de lojistas. A Alemanha passa de 2 milhões de desempregados em janeiro de 1929 para 6 milhões em dezembro de 1931. Em março de 1930, o Chanceler Brüning constitui o primeiro governo "forte"...

Para a Internacional Comunista, a Alemanha atravessa um período revolucionário, as massas se radicalizam; o Partido Comunista concentra todos os seus fogos sobre o inimigo principal, o agente do Fascismo nas fileiras da classe operária: a Social-Democracia, ou antes o "social-fascismo"! Ao mesmo tempo, o PCA pede, com ardor, aos operários socialistas para com ele fazer a Frente Única à base, ou seja, sem seus dirigentes e contra eles, em suma, para fazer passar na vida o famoso *slogan* do antigo secretário do PCF, A. Treint: "Depenar a galinha!".

Trotski, considerando que a *chave da situação internacional está na Alemanha*, conforme o título de uma de suas brochuras, consagra uma parte importante do ano de 1930-33 para definir uma estratégia de luta contra a ascensão do Fascismo.

Afirma:

> Se os dirigentes da Social-Democracia e uma camada muito diminuta de aristocracia operária irão preferir, por último, a vitória do Fascismo à vitória revolucionária do proletariado, a proximidade de uma tal escolha cria, para a Direção Social-Democrata, dificuldades excepcionais em suas próprias fileiras.

Daí a necessidade para o Partido Comunista de propor e de estimular a Frente Única Operária contra o Fascismo, traduzida pela fórmula: "Andar separado, bater junto".

A profundidade da crise social, que assola a Alemanha e joga na rua milhões de desempregados magros e pálidos, e pequenos-burgueses arruinados e desesperados, dá um formidável impulso ao Fascismo.

As crises que sacudiram o PC Alemão, abalado por três revoluções esmagadas ou abortadas, nele haviam engendrado inúmeros grupos de Oposição ou de expulsos, dos quais alguns se fundem para dar origem, em 1930, à Oposição de Esquerda, reunida em torno de um jornal, *Der Kommunist*, dirigido pelo comunista austríaco Kurt Landau... e por dois agentes do GPU, Roman

Well e Senin, pseudônimos dos dois irmãos Sobolevicius, ou, em outras palavras, Jack Soblen e Robert Soblen.

As respostas apresentadas por Trotski para a ascensão do Fascismo, enquanto o PC cumulava de insultos e, por vezes, de golpes um Partido Socialista poderoso mas que só concebia a luta contra o Fascismo sustentando os governos burgueses sucessivos que lhe pavimentaram o caminho, valeram para suas análises e suas brochuras uma enorme difusão. Arthur Spencer escreve: "Vendiam suas brochuras nas estações, nos quiosques, em todas as livrarias. Nunca, desde os anos revolucionários, os escritos políticos de Trotski tinham sido tão amplamente divulgados e discutidos com tanto interesse[1]". Contudo, logo acrescenta:

> O grupo trotskista era incapaz de traduzir a influência desses escritos. Isso era devido, em parte, às atividades de Senin e de Well, que exacerbavam deliberadamente as discussões no seio do grupo, paralisando assim toda atividade prática de sua parte.

A imprensa do PCA denunciava suas análises com uma violência ininterrupta: Willy Münzenberg, por exemplo, intitulava um longo artigo de *Rote Aufbau* do dia 15 de fevereiro de 1932: "A proposição fascista de Trotski de uma unidade PC e PS alemães" e respondia à afirmação de Trotski de que era necessário considerar até a coligação contra o Fascismo e, inclusive com os líderes da Direita social-democrata:

> É a teoria de um fascista desenfreado e contra-revolucionário. É a idéia mais perigosa e mais criminosa que Trotski jamais adiantara no curso de seus últimos anos de propaganda anti-revolucionária.

Contudo, a alavanca para transformar essas análises em força política falha. As querelas acesas por Senin e Well, e alimentadas por um outro agente da GPU, que, por um momento, foi secretário de Trotski, Jacob Graef, paralisam o grupo e dão aos problemas políticos, que não podiam deixar de nele aparecer, um valor explosivo. O grupo explode, Kurt Landau o deixa, levando

---

1. *Survey*, n.º 47.

consigo o jornal, substituído por *Die Permanente Revolution*.

Brüning, depois von Papen, a seguir Schleicher, aprendizes bonapartistas, que reduzem o Parlamento ao papel de fiador e tentam domar os trabalhadores e suas organizações, a começar pela Social-Democracia que os sustenta, abrem o caminho para o "Estado forte, que permitirá a participação ativa de cada alemão" (Gessler). Cada vez mais reduzidos à instituição de caridade para atender indigentes, os trabalhadores alemães são convidados pelos social-democratas, estimuladores da Frente de Ferro, a defender Brüning, o homem com o pulso da austeridade, e pelos comunistas a demolir os social-democratas. Dessa forma, em agosto de 1931, os comunistas participam, ao lado dos nazistas e do Capacete de Ferro*, do Referendo (batizado de plebiscito vermelho) organizado na Prússia contra os social-democratas no poder.

Considerando que a incapacidade do Fascismo, para resolver o menor problema, gerará uma situação revolucionária, que abrirá o caminho do poder ao Partido, os dirigentes comunistas alemães pensam, conforme o *slogan* oficioso, que "após Hitler virá Thaelman". Trotski tenta dissipar estas ilusões:

O advento do Fascismo na Alemanha acarretaria, sublinha, o extermínio da elite do proletariado alemão, a destruição de suas organizações.

E:

Se se leva em conta a maior maturidade, a bem maior gravidade dos antagonismos, que existem na Alemanha, a obra infernal do Fascismo italiano pareceria talvez insignificante, seria uma experiência quase humanitária, em comparação ao que o Nacional-Socialismo alemão poderá fazer.

Enfim:

A vitória do Fascismo na Alemanha determinará, inevitavelmente, uma guerra contra a URSS.

* Capacete de Ferro = antiga associação de combatentes alemães, criada em 1918 (N. da T.).

Frente à poeira de humanidade, que constitui a massa do Fascismo, a unidade dos comunistas e dos socialistas deve se construir sobre proposições imediatas e concretas, como a defesa comum dos locais, dos sindicatos, dos militantes contra os reides e as agressões dos comandos nazistas. Em *E Agora* (janeiro de 1932), Trotski analisa as possibilidades objetivas dessa Frente Única, o papel dirigente que o PC nela poderia desempenhar e a urgência trágica da situação:

> Em sua luta contra a Social-Democracia, o Comunismo alemão deve basear-se, na etapa atual, em duas bases inseparáveis: a) a responsabilidade política da Social-Democracia quanto à força do Fascismo; b) a inconciliabilidade absoluta entre o Fascismo e essas organizações operárias sobre as quais se apóia a Social-Democracia. As contradições do capitalismo alemão chegaram, no presente, a um tal ponto de tensão que a explosão deve, inevitavelmente, ser a conseqüência. A capacidade de adaptação da Social-Democracia atingiu o limite, onde já se produz a autodestruição. Os erros da burocracia stalinista alcançaram o ponto depois do qual vem a catástrofe. É a fórmula em três termos que caracteriza a situação na Alemanha. Tudo repousa sobre o fio da faca.

Os nazistas não param de avançar de eleições em eleições... O número de desempregados ultrapassa seis milhões. Uma sucessão de falências abala o mundo dos pequenos comerciantes e dos pequenos camponeses. Os mendigos pululam. Os reides dos SA* nos bairros operários nestes multiplicam mortos e feridos. O PC multiplica seus apelos à Frente única à base e convida os operários socialistas a denunciar seus líderes e a reunir a pseudo-"multidão" que ele manipula: a *Ação antifascista*.

No dia 22 de maio de 1932, Trotski escreve:

> Se as organizações mais importantes da classe operária alemã prosseguem a sua política atual, creio que a vitória do Fascismo estará assegurada quase de forma automática e isto num lapso de tempo relativamente curto.

Em setembro de 1932, em *A Única Via*, anuncia a queda próxima de von Papen e a constituição de um governo von Schleicher efêmero e redefine suas proposições de Frente Única, mas, pela primeira vez, deixa

---

* SA = *Seção de Ataque* paramilitar alemã (*Sturmabteilung*) (N. da T.).

aparecer o sentimento de que, sem uma organização que luta para fazer passar a política da Frente Única na vida, ela permanecerá letra morta:

> A Oposição é fraca. Seus quadros são poucos numerosos e politicamente inexperientes. Tal organização, com um pequeno hebdomadário (*Permanente Revolution*), pode, portanto, opor-se vitoriosamente à máquina poderosa da Internacional Comunista?

Numa última tentativa derrisória para a burguesia alemã encontrar uma solução forte sem Hitler, von Schleicher, o chefe da Reichswehr (*Defesa do Império*), substitui von Papen. Trotski lhe promete cem dias no máximo..., mas ele não resiste. No dia 30 de janeiro de 1933, Hitler torna-se, legalmente, chanceler do Reich, chefe de um governo de coalizão. Na tarde do mesmo dia, os SA invadem os bairros operários de Berlim... Os nazistas chegam ao poder sem resistência séria dos Partidos Comunista e Socialista, que eles vão varrer como castelo de areia, em algumas semanas.

Hitler não espera que o adversário "marxista" corra o risco de se entender, ainda que a dissolução do Parlamento provoque eleições no dia 5 de março. No dia 12 de fevereiro, o presidente do grupo parlamentar social-democrata, Breitscheid, sugere um pacto de não-agressão entre comunistas e socialistas; no dia 27, explode o incêndio provocador do Reichstag (Parlamento do Império Alemão), pretexto para a detenção de 4.000 militantes comunistas à noite; apesar da onda de terror que inunda o país, as eleições de 5 de março dão aos nazistas apenas 43,9% dos votos; os socialistas mantêm-se, os comunistas recuam. No dia seguinte, o PC é dissolvido. No dia 14 de março, a Direção da Internacional, tendo deduzido que era preciso entender-se com os socialistas, o PCA promete "abster-se de todo ataque contra a Social-Democracia durante o período da luta comum com a Social-Democracia", caso esta última aceitasse a unidade de ação. É a Frente Única do silêncio e da cumplicidade, mas é demasiado tarde; o Aparelho social-democrata racha em três: os aprisionados, os reconciliados, mais ou menos discretos, com a ordem nova e os emigrados. No mesmo dia, Trotski faz o balanço:

O proletariado mais poderoso da Europa por seu lugar na produção, por seu peso social, pela força em suas organizações, não manifestou nenhuma resistência quando da chegada de Hitler ao poder e de seus primeiros ataques violentos contra as organizações operárias (...). O papel criminoso da Social-Democracia não necessita de nenhum comentário. A Internacional Comunista foi criada 14 anos antes precisamente para afastar o proletariado da influência desmoralizadora da Social-Democracia. Desde a ascensão do Fascismo, a iniciativa pertencia ao PCA, que apenas soube tirar proveito para designar os socialistas como o inimigo principal.

Indicando a Áustria como "imediatamente ameaçada pelo cataclismo fascista", acrescenta: "o Stalinismo na Alemanha teve seu 4 de agosto (...) o Comunismo alemão só pode renascer sobre uma nova base e com uma nova direção". Trotski dá, então, o primeiro passo ruma à IV Internacional: a Oposição deve lutar por um novo partido; ao menos na Alemanha.

Na Alemanha, a canção funesta da burocracia stalinista acabou. O proletariado se levantará; o Stalinismo jamais.

CAPÍTULO V

O Gueto

Em abril de 1930, uma conferência preparatória da Oposição de Esquerda Internacional reúne os grupos francês, norte-americano, alemão, belga, espanhol, tcheco, húngaro, dois grupos austríacos e um grupo judeu francês. Ela nomeia um Secretariado provisório (Rosmer, Kurt Landau, Markin, Leon Sedov), encarregado de editar um boletim de ligação, de convocar uma conferência plenária e de assegurar a coordenação administrativa. Sob o título "Um Passo Adiante", o editorial do *Boletim da Oposição* (nº 1) assim comenta essa decisão:

> Assim como a constituição de facções de oposição não significava a criação de segundos partidos, do mesmo modo a união dessas facções nacionais não significa que nós nos orientamos para a criação de uma IV Internacional. A Oposição de Esquerda considera-se como uma facção do Comunismo Internacional e age como tal (...) O objetivo da Oposição é o renascimento da Internacional Comunista em bases leninistas.

Nos anos seguintes, a atividade da Oposição está inteiramente voltada para a Espanha e para a luta pela Frente Única na Alemanha. Ela se desenvolve lentamente, constituindo seções, em geral minúsculas, do Brasil à

Lituânia, guiada de Prinkipo por Trotski. Acerca de uma conferência, pronunciada por Trotski em Copenhague, sobre o convite dos estudantes dinamarqueses, uma pré-conferência, com a participação de delegados de seis países, prepara uma conferência plenária, que se reúne em fevereiro de 1933 e define uma plataforma em onze pontos, as onze condições da adesão à Oposição de Esquerda, que afirma, de antemão, que ela "se mantém no terreno dos quatro primeiros congressos da Internacional Comunista":

1) Independência do Partido Proletário em qualquer época e em todas as condições.

2) Reconhecimento do caráter internacional, isto é, permanente, da Revolução Proletária.

3) Reconhecimento do Estado Soviético como um Estado Operário, malgrado as deformações crescentes do regime burocrático.

4) Condenação da política econômica da facção stalinista, tanto "no período de oportunismo econômico (1923-1928), quanto no período de aventura econômica (1928-1932)".

5) Reconhecimento da necessidade de um trabalho comunista sistemático nas organizações proletárias de massa.

6) Recusa da fórmula "Ditadura democrática do proletariado e do campesinato".

7) Reconhecimento da necessidade de mobilizar as massas com palavras de ordem transitórias.

8) Reconhecimento da necessidade de uma vasta política de Frente Única.

9) Recusa da teoria do Socialismo num só país.

10) Distinção no campo do Comunismo atual de três correntes: marxista, centrista e direitista[1].

11) Reconhecimento da democracia do Partido, não nas palavras, mas nos fatos.

Após a chegada de Hitler ao poder, Trotski, considerando que a Internacional Comunista acaba de "conhecer seu 4 de agosto" e de passar do lado da ordem

1. Substituído alguns meses depois pela afirmação de que é preciso lutar por uma IV Internacional.

burguesa, participa em Paris, nos dias 27 e 28 de agosto, de uma Conferência reunindo quatorze organizações "socialistas de esquerda ou oposicionistas comunistas", de onde sai uma Declaração assinada pela Oposição de Esquerda russa, pelo PSA (Partido Social-Democrata de Esquerda Alemão) e por dois Partidos revolucionários holandeses (o PSO e o PSR), que apelam para a construção, posta como uma necessidade histórica, de uma IV Internacional.

A Oposição da Esquerda concebia, portanto, a *luta pela* IV Internacional – o que não significa dizer a Internacional – sob a forma de um reagrupamento. No dia 13 de setembro de 1933, um comunicado do *Plenum** da Oposição de Esquerda Internacional saúda a Declaração dos Quatro como "um primeiro passo para frente no caminho da reconstrução de uma nova Internacional fundada nos princípios de Marx e de Lenin". Saúda como positivo "o fato único da Conferência de 14 partidos, organizações e grupos de caráter e tendência extremamente variados"; e precisa:

Está, é natural, fora de questão que a nova Internacional seja construída por organizações que repousam em fundamentos de princípios profundamente diferentes e mesmo contraditórios. A Oposição de Esquerda participou da conferência, sob sua própria bandeira, com a finalidade de ajudar na delimitação dos princípios com os reformistas e os centristas, e na reaproximação das organizações de fato revolucionárias de mesma natureza.

A tomada de consciência da necessidade de uma IV Internacional não poderia, pois, significar sua criação imediata. Seria confundir duas etapas históricas diferentes.

No mesmo número do *Boletim da Oposição* (pp. 36-37), que publica esta Declaração, Trotski comenta:

O problema não é *proclamar* de imediato novos partidos e uma Internacional independente, mas *prepará-los* (...). A Oposição de Esquerda cessa definitivamente de se sentir e de agir como uma Oposição.

1. A Oposição da Esquerda Francesa

As dificuldades e os problemas com os quais Trots-

*Plenum = Reunião Plenária; ex.: o *Plenum* do CC do PC.

ki se choca, na tentativa de construir a Oposição de Esquerda na França, refletem muito bem as dificuldades e os problemas da Oposição de Esquerda Internacional. Na França, coexistem grupos que possuem, como traço comum, o fato de serem definidos em relação à Oposição Russa e de ignorarem quase o movimento operário francês. Trotski, cuja vida de militante nele esteve muitas vezes estreitamente envolvido e que, desde sua chegada a Prinkipo, se interessa pela Oposição Francesa, tem claramente consciência disso. No dia 11 de agosto de 1929, escreve na redação de *Luta de Classes:*

> A Oposição francesa até hoje não conduziu a luta política, no verdadeiro sentido da expressão. Eis por que ela quase não saiu de seu estado embrionário (...). A ala esquerda como a ala direita nela se cristalizaram de forma sumária e quase sem ligação com a luta do proletariado francês.

Trotski quer que a seleção se efetue por meio de um combate político real e uma delimitação ideológica nítida e não em função de acertos de contas do passado. O primeiro balanço é bastante encorajador: uma equipe se reagrupa em torno de Alfred Rosmer (Molinier, Gourget, Frank, Van Heijenoort, Naville, Rosenthal) e lança no dia 15 de agosto de 1929 o primeiro número de *A Verdade*, cuja Declaração preliminar, redigida por Trotski, conclui com uma advertência profética aos militantes da Oposição: se a Esquerda comunista continua a

> demorar-se no estágio preparatório antes de entrar na via da ação política junto aos operários (...), esta situação ameaçaria a Oposição de degenerar em seita, ou, mais exatamente, em várias seitas. Queremos fazer de nosso hebdomadário o órgão de toda a Oposição de Esquerda (...). As colunas do jornal estarão abertas à expressão de diversas nuanças do pensamento da Esquerda comunista.

Em abril de 1930, constitui-se a Liga Comunista, composta de 200 a 300 militantes. No mesmo instante é fundada na GGTU – a Central Sindical controlada pelo PC desde a cisão da CGT (Confederação Geral do Trabalho) em 1921 – *A Oposição Unitária*, em torno da Federação Unitária do Ensino, dirigida por militantes expulsos, ou em vias de sê-lo, do PC.

É a época do "terceiro período"; a Internacional Comunista, desde o fim de 1928, anuncia a radicalização permanente das massas e denuncia aos operários a Social-Democracia, irmã gêmea do Fascismo, como o inimigo principal; é a época das ações de desesperados "contra a guerra", nas quais o PC lança coortes, sem cessar, mais pequenas, de operários contra a Polícia. Erguendo-se contra esta política, a Oposição Unitária, reagrupamento sindical — tão unida à Liga Comunista que seu primeiro apelo e seus primeiros textos surgem em *A Verdade* —, recruta às dezenas os responsáveis pela CGTU, sobretudo no Norte.

A frágil unidade entre a corrente sindical, necessariamente heterogênea que a Oposição Unitária é, e a Liga tropeçará no primeiro obstáculo, tanto mais que muitos dos quadros da Liga, quadros também da Oposição Unitária, se recusam a observar uma disciplina política faccional de intervenção na corrente sindical, subordinando, assim, afirma Trotski, "a Liga à Oposição Unitária". Enfim, uma e outra explodem, sem que a Liga Comunista granjeie para si o menor simpatizante da Oposição Unitária...

O grupo dos bolchevistas-leninistas, que sai dessa crise, é fraco e composto de jovens militantes sem experiência do "trabalho de massa", ainda mesmo que a derrocada sem combate do PC Alemão diante do hitlerismo e a falência da política da Internacional Comunista diante da ascensão do Fascismo abram, aos olhos de Trotski, um período novo.

A manifestação fascista de 6 de fevereiro e a resposta operária do dia 12 inauguram, na França, um período de radicalização operária, abordado pelos trotskistas num estado de fraqueza e de isolamento extremos. Trotski define, então, uma nova tática adaptada a essa situação, que ele propõe às seções francesa e espanhola: a entrada nos Partidos Socialistas, que constituem nesses dois países o Partido Operário majoritário, e cuja ala esquerda se reforça. A seus olhos, a mobilização das massas vai se efetuar, de início, por meio dos partidos e dos sindicatos tradicionais, que aparecem aos trabalhadores como os seus defensores naturais. A impossibilidade absoluta de conduzir um trabalho de Oposição no seio do PC, aliás muito minoritário, a não ser sob a única forma da atividade faccional clandestina, impele, portanto, os trotskistas franceses, no quadro dessa tática, a entrar na SFIO (Seção Francesa da Internacional Operária), ao mesmo tempo que definem um programa de ação, que é o primeiro esboço do Programa de Transição.

Finalmente, após calorosas discussões, no dia 29 de agosto de 1934, os bolchevistas-leninistas decidem entrar na SFIO "com seu programa e suas idéias"... e seu órgão, *A Verdade*, subintitulado doravante: órgão bolchevique-leninista da SFIO.

O grupo desenvolve-se rápido, tem um titular eleito na Comissão Administrativa permanente do Partido Socialista, assume o controle das JS (Juventude Socialista) do Sena, desenvolve-se no Sena-e-Oise; em 1935, os bolchevistas-leninistas obtêm 1.087 votos no Congresso da Federação do Sena da SFIO, contra 1.571 para a tendência do Secretário-Geral Paul Faure! Todavia, a corrente que os dirige logo vai se voltar contra eles: a passagem da Frente Única das organizações operárias – de que eram os arautos – para a Frente Popular com os radicais situa-os na contracorrente, no momento mesmo em que os trabalhadores começam a irromper na rua, em Brest ou em Toulon. A constituição, por Marceau Pivert, da Esquerda revolucionária dentro da SFIO, em setembro de 1935, corta-lhes milhares de trabalhadores socialistas, que eles podiam pretender influenciar ou organizar. O assassinato provocador de Kirov, a preparação dos processos de Moscou, suscitam contra os trotskistas uma campanha violenta, conduzida pelo PC no instante da Frente Popular e das escolhas de Thorez, Blum e Herriot do programa deste último. Os resultados não tardam; a direção da SFIO exclui 26 trotskistas, adultos e jovens, "por causa da campanha levada a efeito por *A Verdade* em prol da construção de uma IV Internacional".

Levando em consideração a ascensão revolucionária, que subleva o proletariado francês – de que testemunham os confrontos entre os operários e a Polícia em Toulon e em Brest, em agosto de 1935, – e a impossibilidade, após as expulsões, de continuar a trabalhar na

SFIO sem capitular, Trotski incita os trotskistas a saírem do Partido Socialista. Esta proposta gera uma crise grave em suas fileiras: P. Frank e R. Molinier, que querem, agora, permanecer na SFIO, constituem Grupos de Ação Revolucionária (GAR), que se apresentam como o esboço de um futuro Partido revolucionário construído sobre um miniprograma em quatro pontos, popularizado por um jornal "de massa"[2].

Esses GAR transformam-se, em março de 1936, em Partido Comunista Internacionalista. A vitória eleitoral da Frente Popular, a onda de greves que a segue e em que Trotski vê o início da Revolução Francesa, modificam a situação: às pressas, os trotskistas unificam suas fileiras e constituem, no dia 2 de junho, o Partido Operário Internacionalista (POI), que publica, no dia 12 de junho, o primeiro número de um jornal, logo apreendido pelo governo Blum, *A Luta Operária*, cuja primeira página trazia em manchete:

NAS FÁBRICAS E NA RUA, O PODER AOS OPERÁRIOS.
Passem das comissões de greve para as comissões de fábrica permanentes!
Formem suas milícias operárias armadas.
É preciso unir as comissões de fábrica entre si e preparar um Congresso das comissões de fábrica, que preparará a luta.
Paralelamente às comissões de fábrica, que sejam criadas comissões de desempregados, de soldados, de camponeses!

O recuo que se inicia, desde a constituição do POI, após a retomada do trabalho imposta pelos dirigentes sindicais e políticos, devasta as fileiras do jovem e pequeno Partido, que de novo se divide.

A evolução da Esquerda revolucionária da SFIO vai aumentar a crise. Embora aceitando a dissolução de sua tendência, imposta pela direção no Congresso de Marselha, em 1937, embora se recusando, apesar da pressão de milhares de militantes, a romper com seu Partido após o tiroteio de Clichy (16 de março de 1937), onde a Polícia do ministro socialista Marx Dormoy mata cinco manifestantes operários, M. Pivert termina por se erguer contra a "pausa" social e a política de união dos france-

---

2. Atitude retomada, em linhas gerais, por *Luta Operária*, no dia seguinte à greve geral de maio-junho de 1968.

ses. Expulso junto com a Federação do Sena, funda o Partido Socialista Operário e Camponês (PSOC), onde os trotskistas entram, dispersado em ordem, por partes... A Guerra chega e varre o PSOC; a metade dos dirigentes trotskistas (P. Naville, J. Rous...) fracassa, deixando o punhado de militantes trotskistas, que haviam resistido à extraordinária pressão externa e a seus confrontos internos, engendrados por ela e por sua impotência em ultrapassar os trabalhadores, isolada um instante, desorganizada mas recusando ceder à União Sagrada como à política stalinista de apoio aos nazistas, e sozinha nesta recusa.

2. O exemplo espanhol

A Oposição de Esquerda organiza-se na Espanha no começo de 1930, no momento em que a ditadura de Primo de Rivera se esfacela, sob a égide de Andrès Nin, antigo Secretário da CNT[3], antigo Secretário da Internacional Sindical Vermelha, e de Juan Andrade, antigo Dirigente das Juventudes Socialistas (JS). A Esquerda Comunista publica, em junho de 1930, o primeiro número de sua revista *Contra la Corriente* (*Contra a Corrente*), que logo se torna *Comunismo*, em abril de 1931, enquanto o triunfo da Esquerda nas eleições municipais coage Alfonso XIII a fugir. É a República.

Apesar do caráter exteriormente pacífico dessa "revolução", coroada pelo triunfo eleitoral dos socialistas em junho, Trotski prevê profundos confrontos de classe na Espanha e, no dia 2 de julho de 1931, escreve:

O trabalho da Esquerda internacional deve, hoje, estar concentrado para os 9/10 na Espanha. É preciso restringir todas as despesas para ter a possibilidade de pôr em atividade um hebdomadário em espanhol e edições periódicas em catalão, lançando, ao mesmo tempo, panfletos em quantidade considerável. É necessário considerar a restrição de todas as despesas para outros fins sem exceção, a fim de prestar a maior ajuda à Oposição Espanhola.

3. CNT – Poderoso sindicato anarquista espanhol; em seu seio há um reagrupamento político anarquista, a FAI; a UGT é o sindicato socialista.

Desde 1932, a Esquerda Comunista reúne mais de 2.000 militantes e, graças à sua intervenção para a defesa de um programa de reivindicações transitórias bem como ao eco de sua revista *Comunismo*, exerce determinada influência sobre uma camada de operários socialistas e anarquistas, arrastados pela radicalização das massas. O Bloco Operário e Camponês (BOC) de, Maurin[4] forma um anteparo a essa influência, sobretudo na Catalunha, seu baluarte. Desde sua constituição em 1931, Trotski põe em guarda a Oposição de Esquerda contra o programa dessa reunião bukharinista, que, diz, "representa um puro kuomintanguismo, transportado para o solo espanhol", ou seja, uma política de aliança entre o proletariado e a burguesia nacional julgada democrática, aliança justificada pela idéia de uma revolução por etapas.

Dois anos foram suficientes para fazer explodir a falência da colaboração entre republicanos e socialistas. Desde o verão de 1931, grevistas caem sob as balas da Polícia governamental. Nas eleições de novembro de 1933, os socialistas perdem a metade de suas cadeiras e a palavra de ordem de abstenção dos anarquistas afasta milhares de trabalhadores da cabina eleitoral. Uma ala esquerda poderosa se destaca no Partido Socialista e o sindicato que ele controla, a UGT, dirigida por um antigo dirigente da ala direita, Francisco Largo Caballero. A palavra de ordem de "Aliança Operária", sustentada pela Oposição de Esquerda, inflama as massas e abala as paredes que separam os trabalhadores e todas as suas organizações. No dia 5 de outubro de 1934, uma greve geral insurrecional desencadeada em Barcelona malogra, graças à abstenção zombeteira da CNT-FAI; no mesmo dia, a Aliança Operária constituída nas Astúrias subleva os operários, que, isolados, são esmagados após quinze dias de luta...

Em fevereiro de 1934, Caballero escreve: "A única esperança das massas é hoje uma revolução social (...). É impossível realizar uma parcela de socialismo no quadro

---

4. Antiga Federação Catalã do muito fraco PCE, que com ele rompera a respeito de posições próximas às de Bukharin.

da democracia burguesa". Seu braço direito, Araquistain, prefaciando seus *Discursos aos Trabalhadores*, afirma:

> Creio que a II e a III Internacional Socialista estão virtualmente mortas (...) Estou convencido de que deve surgir uma IV Internacional, que funda as duas primeiras, retomando para uma a tática revolucionária e para a outra o princípio das autonomias nacionais. Neste sentido, a atitude de Largo Caballero, que é a do Partido Socialista Espanhol (PSE) e da UGT, parece-me uma atitude de IV Internacional, ou seja, um avanço do Socialismo histórico.

A ascensão operária, que a pesada derrota da greve dos mineiros das Astúrias, em 1934 (3.000 mortos, 7.000 feridos, 40.000 presos), freia mas não pára, também abala a CNT, onde ela isola a corrente reformista dos "de trinta" de Pestana e politiza milhares de trabalhadores...

Enquanto gigantescos confrontos de classes se preparam na Espanha, a Esquerda Comunista não pode esperar utilizar o prazo de alguns meses, ou, melhor, de alguns anos, para nele, por seu desenvolvimento autônomo, tornar-se uma força dirigente, capaz de influir no curso dos acontecimentos. Ainda muito fraca, ela corre o risco de ver o movimento de radicalização das massas reunir as grandes organizações tradicionais (PSE, UGT, CNT) e lhe oferecer apenas ganhos derrisórios, na escala de suas dimensões. Eis por que Trotski aconselha aos militantes da Esquerda Comunista de entrar no Partido Socialista, onde as massas afluem, onde a Esquerda se reforça cada dia e não pede, aliás, senão para acolher os trotskistas, aos quais o órgão de Madrid das Juventudes Socialistas, compostas de 200.000 adeptos, *Renovación* (*Renovação*), lança um apelo público para reunir suas fileiras. *Renovación* "convida os trotskistas, que são os melhores revolucionários e os melhores teóricos da Espanha, a entrar na Juventude e nos Partidos Socialistas para neles precipitar a bolchevização".

> Trotski pensa – diz P. Broué – que é preciso agarrar a ocasião pelos cabelos, constituir doravante no Partido Socialista uma sólida facção, nele fazer um foco de reagrupamento revolucionário capaz de exercer uma influência decisiva sobre os militantes do PC, surpreendidos pela brutalidade da modificação oportuna de seu partido, e sobre os militantes da CNT,

desorientados pela impotência de seus próprios princípios de ação numa situação nova, capazes também de dar uma forma verdadeiramente bolchevique a essa radicalização espontânea, que arriscam desencaminhar logo, na falta de direção revolucionária, stalinistas e socialistas de Esquerda decididos a serem revolucionários apenas em palavra.

Enquanto as Juventudes Socialistas de Ecija acolhem com tiros três dirigentes da direita de seu Partido, dentre os quais Prieto – e falham por pouco –, a maioria dos trotskistas espanhóis orienta-se completamente para uma outra via. Após uma longa discussão, a maioria da Esquerda comunista recusa-se, em fins de 1934, a entrar no PS e propõe a sua fusão com o Bloco Operário e Camponês, de Maurin. A fusão, realizada em setembro de 1935, dá origem ao POUM (Partido-Obrero de la Unificación Marxista/Partido Operário da Unificação Marxista) que Koltsov, o correspondente do *Pravda*, qualifica muito justamente de "bloco trotskista-bukharinista". O POUM reagrupa de 5.000 a 7.000 militantes, concentrados, sobretudo, na Catalunha; reunindo duas antigas oposições do PC, essencialmente catalão, ele volta as costas aos trabalhadores reunidos nas grandes organizações.

Alguns meses mais tarde, o POUM apõe sua assinatura no programa da Frente Popular, que se OPÕE à nacionalização das terras e dos bancos, bem como ao controle operário. Não é preciso apavorar nem a burguesia espanhola, nem a franco-britânica, com a qual Stalin acaricia o sonho de uma grandiosa aliança militar... Andrès Nin entrará no governo burguês da Catalunha, constituído no dia seguinte à revolta nacionalista do dia 18 de julho de 1936 e da erupção revolucionária que a ela responde; lá, Nin afiançará, por exemplo, a dissolução do Comitê Central das Milícias, decidida em proveito de um Exército regular sobordinado aos Instrutores e aos Comissários políticos de Stalin...

Logo que os trabalhadores respondem a Franco, armados, o POUM constitui a *sua* divisão armada, reunindo uma dezena de milhares de milicianos, em vez de penetrar nas milícias anarquistas ou socialistas, e as Juventudes Socialistas, sob o impulso de seu líder Santiago Carrillo – antigo simpatizante trotskista –, se fundem com o Aparelho da esquelética Juventude Comunista, a fim de constituir as Juventudes Socialistas Unificadas (JSU), inteiramente sob o controle do PC. Não há mais então, na Espanha, senão alguns trotskistas esparsos, reagrupados em torno do Munis, e que compõem a ala esquerda do POUM. Expulso do POUM em abril de 1937, no momento em que o dirigente deste Partido, Gorkin, escreve: "A Guerra Civil Espanhola revelou-nos uma vez mais o sectarismo de Trotski (...) O Trotskismo é um doutrinarismo sectário, impregnado de uma grande suficiência", eles constituem o grupo dos bolchevistas-leninistas espanhóis, atam laços com a Esquerda Anarquista reagrupada nos Amigos de Durruti[5], mas são aniquilados ao mesmo tempo que esses últimos e o POUM, no *putsch** organizado contra eles em Barcelona, em maio de 1937, pela GPU e seus agentes espanhóis. Se a campanha de expurgo conduzida pela GPU, na Espanha, contra todos aqueles que acusam a política de subordinação da Revolução Espanhola ao bloco militar City-Bolsa-Kremlin que Stalin quer edificar, é levada em nome da luta contra o "Trotskismo" denunciado como um instrumento do Fascismo... etc., a GPU reflete aqui a situação revolucionária, que reinava na Espanha, mas onde a política da maioria da Esquerda comunista impediu os trotskistas de desempenharem um papel por pouco que este fosse determinante.

No dia 3 de maio de 1937, o governo, para impor a ordem burguesa, decidiu desalojar os milicianos anarquistas da Central Telefônica de Barcelona. Para responder a esta provocação, milhares de operários anarquistas e "poumistas" ergueram barricadas em Barcelona, que mantiveram em seu poder, até que, na manhã do dia 16, a direção da CNT e a do POUM lhes pediram para abandonar as barricadas e retomar o trabalho. Os milicianos stalinistas prendem e assassinam o dirigente anarquista Berneri. As guardas de ataque invadem Barcelona. No dia 18 de maio, o diário do POUM é proibi-

---

5. Do nome do principal chefe anarquista, Durruti, morto em Madrid não se sabe por quem.
* Em alemão no texto original = Revolta armada de um grupo político (N. da T.).

do; no dia 16 de junho, a GPU prende todo o seu Comitê Executivo e assassina o seu dirigente Andrès Nin... O POUM é destruído. "A caça aos trotskistas" atinge até a poderosa CNT. A vitória de Franco está próxima. Comentador isolado, Trotski prevenira: "A ditadura de Franco significaria a aceleração inevitável da guerra européia nas condições mas difíceis para a França". Extrai, em conseqüência, as lições do duplo fracasso ligado à Revolução Espanhola e da criação de uma Seção espanhola, da IV Internacional e do aniquilamento trágico de seus antigos companheiros, que estavam empenhados em descobrir "atalhos e substitutos, na organização para a ação consciente das massas" (P. Broué):

> É necessário conformar a política às leis fundamentais da Revolução, ou seja, aos movimentos das classes em luta, não aos temores e aos preconceitos superficiais dos grupos pequeno-burgueses, que se intitulam Frente Popular e muitas outras coisas. A linha de menor resistência se patenteia, na Revolução, a linha da pior falência. O medo de isolar-se da burguesia leva a isolar-se das massas. Adaptar-se aos preconceitos conservadores da aristocracia operária, significa trair os operários e a Revolução. O excesso de prudência é a imprudência mais funesta. Esta é a principal lição do aniquilamento da organização política mais honesta da Espanha, o POUM, Partido centrista.

3. O Trotskismo Norte-Americano

Os tempos iniciais da Oposição de Esquerda norte-americana foram muito penosos. O antigo dirigente do PC, J.-P. Cannon, arrastara consigo um punhado de quadros operários e sindicalistas, que, agarrando-se aos sindicatos, se viram forçados, pela situação de 1929 a 1933, a um trabalho quase puramente propagandístico. E, se bem que, desde novembro de 1931, em *A Chave da Situação Internacional está na Alemanha*, Trotski tenha previsto a radicalização próxima das massas norte-americanas (O movimento sindical, desde os primeiros sintomas de uma mudança de direção na situação econômica, no auge, experimentará uma violenta necessidade de se afastar a contragosto das presas da vil burocracia da American Federation of Labor (Federação Americana de Trabalho). Ao mesmo tempo, possibilidades ilimitadas abrir-se-ão para o Comunismo), a profunda efervescência do proletariado norte-americano que, desde 1934, dará origem à CIO[6], irá surpreendê-los e em setores inteiros da CIO deixarão as rédeas ao PC.

Entretanto, por localidades, eles desempenham um papel determinante. Em 1934, os trotskistas norte-americanos dirigem, assim, a longa greve vitoriosa dos camioneiros de Minneapolis, grande centro comercial, que se torna um de seus campos de ação e de onde só a repressão governamental os desalojará em 1941.

Para encontrar a junção com os trabalhadores cujas lutas inundam os USA, eles fundem, aconselhados por Trotski, com uma organização socialista fundada pelo antigo pastor A.-J. Muste, e que acaba de dirigir a grande greve da Autolite, em Toledo. Esta fusão não modifica qualitativamente a natureza e o impacto do novo Partido, enquanto o desenvolvimento tempestuoso do movimento operário engrossa e radicaliza o velho Partido Socialista. Dessa forma, conforme a tática que recomendava, na mesma situação, às Seções francesa e espanhola, Trotski aconselha ao novo Partido pequeno a entrar nas fileiras do Partido Socialista Norte-americano, o que ele faz perdendo nessa ocasião, como em todo lugar, uma facção de "ultra-esquerdista", que recusam esta fusão como um compromisso inaceitável.

A aplicação dessa tática, que permite aos trotskistas se reforçarem, no entanto, desviou-os em parte da atividade dentro da CIO, como o reconheceu J.-P. Cannon, quando declarou em 1943: "Exceto em algumas localidades, deixamos o grande movimento da CIO nos ultrapassar à saciedade".

Quando o movimento recuou e que, em conseqüência, o PS virou para a direita, os trotskistas o abandonaram e constituíram o Socialist Workers'Party (Partido Socialista dos Trabalhadores), que levou, entre outros, a maior parte das Juventudes Socialistas; rico de numerosos quadros sindicais, de uma franja de intelectuais gravitando ao redor de *Partisan Review (Revista do Par-*

---

6. Federação de sindicatos industriais, criada em 1934, sob o impulso de John Lewis, o dirigente do Sindicato dos Mineiros.

tidário), apoiando-se em fortes facções nos vários sindicatos (automobilístico, camioneiro), o Socialist Workers' Party era a jóia da IV Internacional nacional. O exílio de Trotski no México permitiu-lhes seguir, passo a passo, a existência do Partido... No entanto, dois anos depois, a invasão da Finlândia pelo Exército Vermelho o fazia explodir...

4. Os Trotskistas na URSS

De janeiro de 1928 a 1938, as colunas de trotskistas, reais ou pretensos, não param de preencher os campos de concentração, cuja construção se intensifica a cada mês, planejada pelos organismos diretores da GPU. Os trotskistas organizam-se nos campos, onde, em geral, eles controlam a maioria dos milhares, a seguir, das dezenas de milhares de deportados comunistas. Ciliga, comunista iugoslavo deportado ao principal dos "isoladores" políticos, testemunha: "a imensa maioria dos detidos comunistas eram trotskistas". Em Verkhne-Uralsk, os trotskistas estão organizados num *Coletivo dos Bolchevistas-leninistas de Verkhne-Uralsk*, que edita dois boletins: *O Pravda na Prisão* e o *Bolchevique Militante*. O coletivo dos prisioneiros do campo era dirigido por um trio de antigos, três trotskistas. As figuras mais eminentes de Verkhne-Uralsk eram Dingelstedt, chefe de todas as comissões de greve, que estimularam incansáveis greves de fome até 1937, e Solntsev, que morreu em 1933.

A mesma situação se reencontrava em todos os campos, ou quase, de Solovki a Magadan. Solidamente organizado dentro dos muros de arame farpado, malgrado as tentativas regulares de destruí-los deslocando os líderes e malgrado as capitulações sucessivas de seus chefes (Sosnovski, Racovski, Muralov), graças à resistência de seus quadros médios e dos cérebros da geração jovem, o Trotskismo continuava a viver aquém dos muros farpados. Alimentavam-no:

1) A atividade política de Trotski no exílio e a penetração do *Boletim da Oposição* e das brochuras de

Trotski até nos campos na URSS.

2) O desenvolvimento de uma insatisfação profunda frente à política de Stalin, rotulado de "trotskista" pela Direção do Partido.

3) A crise que, de 1929 a 1936, abalou de cima para baixo o Partido, sacudido pela política interna e internacional da Direção.

Por isso, Trotski podia anunciar no começo de 1936: "A IV Internacional possui, desde hoje, na URSS, sua Seção mais forte e melhor temperada". Em seu *Stalin*, Deutscher questiona essa afirmação, que "era, diz, em parte pura presunção, pois, no curso dos sete anos de seu exílio, ele havia perdido todo contato pessoal com a Rússia". Dez anos mais tarde, Deutscher retomará a afirmação, por sua conta, dando-lhe a seguinte explicação:

> Paradoxalmente, os grandes expurgos e as deportações maciças, que se seguiram ao assassinato de Kirov, deram uma vida nova ao Trotskismo. Os trotskistas, com, em torno deles, dezenas e mesmo centenas de milhares de pessoas recentemente banidas, doravante não se sentiram mais isolados. Eles foram reunidos pela massa dos capituladores, que pensava, de forma lúgubre, que as coisas jamais teriam chegado a esse ponto, se tivessem resistido ao lado dos trotskistas. Oposicionistas pertencentes a grupos etários mais jovens, Juventudes Comunistas que estavam, pela primeira vez, se opondo ao Stalinismo bem há muito tempo após a derrota do Trotskismo, discordantes em todos os gêneros, simples trabalhadores deportados por pecadilhos contra a disciplina do trabalho, descontentes e resmungões, que só começaram a pensar em termos políticos quando se achavam atrás dos muros de arame farpado, todas essas pessoas formavam um novo público imenso para os trotskistas (*Trotski*, III, p. 552).

Stalin, cujo poder só podia se manter pelo extermínio de toda oposição suscetível de fornecer, um dia, uma bandeira e uma direção à insatisfação das massas, empreende destruir o seu próprio Partido pelo terror, subordiná-lo a uma GPU também depurada, expurgar a URSS república por república, montar uma gigantesca operação policial e judiciária, destinada a difamar e a liquidar todos os oponentes de ontem, de hoje e de amanhã, ligados pelo mais delgado fio à Revolução de Outubro, e todos rotulados trotskistas. Uma vez disposto o mecanismo persecutório opondo-lhes o espião da Gestapo (Polícia Secreta de Estado hitlerista), vendido de corpo e alma aos Serviços de Informação para restaurar o Capitalismo, o massacre pôde começar: em todos os campos de concentração, em 1937, os trotskistas foram exterminados com metralhadoras, enquanto em Leningrado jovens comunistas de vinte anos morriam gritando: "Viva Trotski!", que eles haviam sempre ouvido denunciar.

Dessa forma, todo laço com o passado do Bolchevismo foi aniquilado, assim, o Trotskismo foi esmagado lá onde tivera origem, e os embriões futuros de oposição bolchevique (*A Obra Verdadeira de Lenin*, em 1948, *A União dos Patriotas*, em 1967) só se reunirão aí de modo bastante vago. A aspiração do "retorno a Lenin" não pode, com efeito, bastar para preencher o vazio, largamente aberto, cavado por Stalin.

5. Proclamação da IV Internacional

Nos dias 29, 30 e 31 de julho de 1936, ocorria em Genebra a primeira Conferência para a IV Internacional, enquanto uma onda revolucionária sublevava a França e a Espanha; ela reuniu delegados da França, da Bélgica, da Holanda, da Inglaterra, da Suíça, da Alemanha, da Itália, da URSS e dos EUA.

"Foram convidados, mas não puderam atender ao convite por motivos materiais, os bolchevistas-leninistas da Áustria, da Tcheco-Eslováquia, da Romênia, da Grécia, da Polônia, de Basiléia", afirmava o Secretariado Internacional, que precisava, além disso, que por diversas razões (prazo curto de preparação, distâncias, legalidade) não tinham sido convidadas e representadas as organizações da "Bulgária, Dinamarca, Espanha, Lituânia, Canadá, México, Brasil, Argentina, Chile, Cuba, Peru, Bolívia, Porto Rico, China, Indochina, Austrália, África do Sul" (*Quarta Internacional*, nº 1, 1936, p. 1).

Aplicando-se, sobretudo, a estudar a situação francesa, a Conferência revela na França as "premissas fundamentais da Revolução Proletária", que repousa em três condições: "disposição para lutar de *todo* o proletariado; insatisfação aguda das camadas inferiores da pequena-burguesia, e bancarrota no campo do capital financeiro". As Seções da IV Internacional "apelam então, infatigavelmente, para a criação de comissões de fábrica e de sovietes", ligando esta luta à propaganda com as palavras de ordem: "controle operário, milícia operária, armamento dos operários, governo operário e camponês, socialização dos meios de produção".

Quando dois anos depois, a 3 de setembro de 1938, a Conferência de fundação da IV Internacional se reúne em Paris, nenhum dos objetivos fixados em 1933 e em 1936 havia sido atingido. A tentativa de reagrupamento fracassou: dos quatro signatários do apelo de agosto de 1933, não permanece mais que o esqueleto da Oposição de Esquerda, assassinada na União Soviética. A Conferência se reúne um dia no domicílio de Alfred Rosmer, proclama a IV Internacional, adota o seu Programa, o "Programa de Transição"[7], adota um Manifesto "para os trabalhadores do mundo inteiro" e se dispersa. Trotski saúda a Conferência pela profecia, que ele apóia sobre o nascimento do Socialist Workers' Party, nos EUA: "Desde agora a IV Internacional está colocada diante das tarefas de um movimento de massas".

De fato a proclamação da IV Internacional é determinada pela Guerra Mundial que chega. O Manifesto da Conferência aos trabalhadores do mundo inteiro começa com estas expressões.

Trabalhadores, explorados e povos coloniais de todos os países!
A Conferência de Fundação da IV Internacional – o Partido Mundial da Revolução Socialista –, reunida em setembro de 1938, lança-lhes este apelo urgente, no momento em que o maior perigo ameaça as massas do mundo inteiro (...).
Estamos colocados diante dos horrores *de uma nova guerra imperialista mundial* (...). O mundo capitalista está ferido de morte. *Em sua agonia, exala os venenos do Fascismo e da guerra totalitária.*

Frente à Guerra que chega, após vinte anos de derrotas sucessivas do proletariado, que permitem essa nova conflagração, é preciso tomar todas as medidas políticas que, além da liquidação física adivinhada próxima por Trotski, assegurarão a transmissão da herança do Bolchevismo através de uma vanguarda soldada sobre

7. Título exato: *A Agonia do Capitalismo ou as Tarefas da IV Internacional.*

um Programa, tão limitada seja ela, ou seja, uma organização internacional coerente fundamentada nesse Programa. É necessário guardar na memória as lições da Primeira Guerra Mundial: o Partido Bolchevista carregou sozinho em seus ombros as tarefas de uma Internacional revolucionária criada demasiado tarde; não se pode esperar o dia seguinte à Guerra Mundial para pedir ao movimento operário deslocado para cerrar fileiras. A contar de novembro de 1938, além disso, Trotski consagra-se, essencialmente, ao "esclarecimento das idéias". Sua última obra, *Defesa do Marxismo*, reúne, numa última seleção, o conjunto de suas análises teóricas a respeito da cisão do Partido Norte-americano dilacerado pela invasão da Finlândia pela União Soviética: uma minoria, reagrupada em torno de Burhan e de Schachtman, com base nessa agressão, afirma que a URSS não era mais um "Estado Operário degenerado" mas um Estado imperialista; rejeita, em conseqüência, a defesa da URSS, põe no mesmo plano "o imperialismo" burguês e o Stalinismo, e se vai. Durante um ano, Trotski dirige a mais paciente e a mais tenaz das lutas de idéias, aconselhando seus partidários a aceitarem o fato de serem eventualmente minoritários numa organização, cuja maioria censuraria ademais a opinião do *Programa de Transição*. Antes de tudo, ele quer educar *politicamente* um punhado de quadros capazes de ultrapassar a carnificina planetária, a fim de dirigir amanhã as massas erguidas contra o Imperialismo e que o Stalinismo procurará conter.

6. Primeiro Balanço

Às vésperas da Segunda Guerra Mundial, o abismo, entre os objetivos fixados pela Oposição de Esquerda em 1929 e a realidade da IV Internacional dez anos depois, surgia largamente aberto. Trotski tentou, ele próprio, explicar por quê. Em setembro de 1932, observa:

> Os êxitos da Oposição em todos os países, inclusive na Alemanha, são incontestáveis e manifestos. Contudo, eles se desenvolvem muito mais lentamente do que nós esperamos.

Por quê?

A cada comunista, que começa a dar ouvidos para a Oposição de Esquerda, a Burocracia impõe, de forma cínica, a escolha: ou participar da matilha contra o Trotskismo, ou ser expulso das fileiras da Internacional Comunista (...). Eis por que há nas fileiras do Partido Comunista oficial muitos oposicionistas imperfeitos, amedrontados ou ocultos.

É bem o que Stalin pensava, o qual, *no mesmo mês do mesmo ano*, tentava convencer o Bureau político do PC da URSS de que era preciso fuzilar Riutin, o antigo braço direito de Bukharin, a fim de poder iniciar o extermínio dos "trotskistas" reais, confessos, ocultos, potenciais, inconscientes ou pretensos. Ao mesmo tempo, Trotski nota:

Apesar desta lentidão (do desenvolvimento da Oposição NDA), a vida ideológica da Internacional Comunista gira mais do que nunca em torno da luta contra o "Trotskismo". A que se acrescentam a cacetada, o recurso a todos os meios da força física, os acordos de bastidores com os pacifistas burgueses, os radicais e os franco-maçons contra os trotskistas, a propagação de calúnias venenosas pelo centro stanilista etc.

Em abril de 1939, Trotski, no curso de uma discussão com o historiador e militante norte-americano James, redige um primeiro balanço crítico:

Não progredimos politicamente. É a expressão do recuo geral do movimento operário nos últimos quinze anos. Quando o movimento revolucionário declina em seu conjunto, quando as derrotas se seguem, quando o Fascismo se estende no mundo todo, quando o Marxismo oficial se encarna na máquina mais formidável para enganar os trabalhadores, é natural que os revolucionários não possam trabalhar senão contra a corrente histórica geral. E isso admitindo que suas idéias sejam tão inteligentes e exatas que se possa desejá-las. As massas, de fato, não realizam sua educação por meio de prognósticos ou de concepções teóricas, mas por meio da experiência de sua vida. Eis a explicação global: o conjunto da situação está contra nós.

A Oposição tinha razão, mas os malogros, por ela anunciados, a isolavam:

O estrangulamento da Revolução Chinesa era mil vezes mais importante para as massas do que todas as nossas profecias. A Oposição, a IV Interncional, não cessaram de nadar na contracorrente, desde a série de derrotas que se seguiu à Revolução de Outubro.

A derrota da Oposição de Esquerda russa também desempenhou um papel determinante, pois, a IV Internacional, por sua origem, está ligada à Oposição de Esquerda russa, e as massas, além disso, nos chamam os "trotskistas" (...). Ora, nada há no mundo que seja mais convincente do que o êxito e nada de mais repulsivo, sobretudo para as amplas massas, do que uma derrota (...). Estamos num frágil esquife no meio de uma corrente terrível. De cinco ou seis navios, um afunda, e logo se diz qua a culpa é do piloto. Porém a verdadeira razão não reside aí. A verdade é que a corrente era muito forte.

Trotski acrescenta, enfim, que a IV Internacional reagrupou "elementos corajosos, que não gostam de ir no sentido da corrente (...) pessoas inteligentes, que possuem mau caráter, sempre indisciplinadas", em suma, "mas sempre mais ou menos *outsiders**, fora da corrente geral do movimento operário. Seu grande valor tem, sem dúvida, seu lado negativo, pois aquele que nada contra a corrente não pode estar ligado às massas.

A partir de 1934, desde o assassinato de Kirov, a luta contra o "Trotskismo", conduzida por Stalin e pelo Aparelho da Internacional Comunista, mudou totalmente de natureza: os trotskistas viram-se denunciados, *dentro do movimento operário*, pela Internacional majoritária como espiões da Gestapo, do Intelligence Service, dos serviços norte-americanos, do Mikado, como terroristas, sabotadores, delatores, agitadores, assassinos. Os processos de Moscou, dos quais o primeiro foi aberto no dia seguinte à greve geral de junho de 1936 e à explosão revolucionária espanhola, tentaram "demonstrar" e orquestrar essa caça às bruxas, que se coroou pelo massacre, através do mundo, dos quadros trotskistas e de numerosos militantes revolucionários, próximos ou não do "Trotskismo", todos rejeitados num gueto, à margem da classe operária, à margem do movimento operário.

Na União Soviética após as deportações maciças e a caça iniciada pelo primeiro processo de Moscou, 1937, "o ano negro" é marcado pelo extermínio sistemático de todos os trotskistas, que sobreviviam e recrutavam nos campos de concentração. A GPU realiza a mesma tarefa na Europa, em particular, na Espanha, onde encontram a morte, assassinados, o alemão Moulin, o tcheco Erwin Wolf (N. Braun), secretário de Trotski, o austríaco Kurt

---

* Em inglês no original, significa "estranhos", "leigos" (N. da T.).

Landau; em Paris, Leon Sedov, o filho de Trotski, redator-chefe do *Boletim da Oposição*, o alemão Rudolf Klement, secretário de Trotski; em Lausanne, o polonês Ignace Reiss, antigo chefe da GPU, assassinado três meses após ter escrito e não ainda publicado um texto, onde apelava para a construção da IV Internacional etc. Esta cadeia de assassinatos, que aniquilou todos os antigos dirigentes soviéticos da Oposição (Sosnovski, Solntsev, Dingelstedt, Racovski, Muralov etc.), termina com o de Trotski, no dia 20 de agosto de 1941. Rejeitada no gueto por uma caça às bruxas internacional, com seus raros quadros experientes, e que perpetuavam a tradição do Bolchevismo, assassinados, a IV Internacional muito pouco introduzida na classe operária não tinha, nessa situação esmagadora, nem a possibilidade nem os meios para romper com a opressão que a sufocava.

O assassinato de Trotski, seu fundador, seu dirigente, seu teórico, o último liame vivo com o Bolchevismo e a Revolução de Outubro, só pôde aumentar essas dificuldades, tanto mais que desaparecida no próprio momento em que o Trotskismo se via confrontado com o mais grave de seus problemas: nascido da luta da Oposição de Esquerda na URSS, formado por seus quadros, alimentado por suas tradições, o Trotskismo, aniquilado na URSS, via-se suprimido de sua própria origem. Repousando no postulado fundamental da unidade internacional da luta das classes, ele se via expulso do primeiro Estado Operário criado no mundo. A extensão da Revolução, sob o controle do Exército Vermelho, aos países da Europa Oriental e à China, sob o controle dos Exércitos de Mao, no dia seguinte à Segunda Guerra Mundial, apenas fez aumentar o corte; com efeito, os trotskistas neles foram logo difamados, fuzilados e enforcados. É assim, por exemplo, que a PRIMEIRA DECISÃO tomada pelo Estado-Maior dos partidários de Tito, antes de passar à ofensiva contra os nazistas em 1941, foi a execução de todos os trotskistas em Belgrado. O primeiro fuzilado foi o estudante montenegrino trotskista Slobodan Marculic. O quadro político do Programa de Transição e o da Internacional, como organização, opunham-se sozinhos — mas abstratamente e em perspectiva — a esse esquartejamento sofrido mas contraditório com os próprios fundamentos do Trotskismo. Eles não podiam bastar, por um longo período, para conter as pressões, que eram exercidas sobre um movimento internacional frágil e muito minoritário.

CAPÍTULO VI

Da Carnificina à Revolução Traída

A Segunda Guerra Mundial mergulhou dois terços do universo na barbárie. A tormenta abalou o movimento operário organizado mais profundamente ainda do que a Guerra de 1914 o fizera: a Internacional Socialista e a Internacional Comunista pereceram para, em seguida, renascerem apenas sob a forma de caricaturas. A IV Internacional enfraqueceu; a Guerra a esfacelou: aniquilada pelos massacres na União Soviética, destruída na Alemanha hitlerista, ela foi retalhada entre as fronteiras. A Direção internacional refugiou-se nos EUA e não teve, segundo Pablo, "senão uma atividade reduzida. Entretanto, assinalou, comentou e explicou todos os acontecimentos importantes e as principais modificações da Guerra", em resumo, ficou restrita a uma atividade de comentarista.

De início pulverizado em seus diversos componentes nacionais, o movimento trotskista reorganizou-se bem depressa. O alicerce político do Programa, a própria existência — tornada virtual enquanto organização — da IV Internacional, salvaram-no da derrocada. E isso era, com efeito, o primeiro objetivo estabelecido por

Trotski, em 1938, após 15 anos de fracassos contínuos! As divergências que nele apareceram, as oscilações que nele manifestaram, jamais o incriminaram, na verdade, apesar da extrema dureza do período de Guerra, apesar do ostracismo de que era vítima, e apesar da selvagem repressão que nazistas, democratas e stalinistas, fizeram chover sobre ele.

No movimento francês fragmentado, a Guerra provoca lacunas: R. Molinier, J. Rous, Naville, e Bardim se vão. Os trotskistas, que saíram ilesos do PSOP (Partido Socialista Operário Camponês), fundam os comitês para a IV Internacional. *A Verdade* — nova série — reaparece, policopiada, no dia 30 de agosto de 1940[1], com o subtítulo "Órgão bolchevista-leninista" e a manchete: "Nem Pétain, nem Hitler, Governo Operário e Camponês".

O problema essencial ao qual o movimento trotskista foi confrontado foi, segundo a expressão consagrada, a *Questão Nacional*: qual devia ser a sua atitude frente à luta contra "o ocupante"? Três respostas se delinearam:

1) Aquela, bem minoritária, da seção alemã, a IKD, que, num documento intitulado *Três Teses*, afirmava: "A transição do Fascismo ao Socialismo permanece uma utopia, caso não se considere uma etapa intermediária, que é fundamentalmente equivalente a uma Revolução Democrática" (19 de outubro de 1941). As convulsões do Capitalismo, levando-o a marchar ao contrário e a engendrar monstros como o Nazismo, a luta pela independência nacional e pela salvaguarda das liberdades democráticas voltava a ser prioritária, os revolucionários deviam então apoiar os movimentos de libertação nacionais democráticos, sob pena de se afastarem do povo e de sua luta real, em suma, integrarem-se nas frentes nacionais.

2) Aquela do POI nascido dos Comitês para a IV Internacional assim resumida por um dirigente da época:

A sujeição da Europa pelos nazistas (...) volta a dar atualidade às palavras de ordem democráticas de independência nacional (...). A adesão da grande burguesia à Europa hitlerista permite fazer dessas palavras de or-

[1]. Ela surgirá impressa a contar do nº 20.

dem um trampolim para unir contra ela a classe operária e a pequena burguesia das cidades e dos campos (até uma parte da burguesia). Eles devem ser utilizados a começar dos problemas mais concretos (abastecimento, oposição aos saques dos produtos da economia pelos nazistas) desembocando numa solidariedade concreta, em particular entre trabalhadores das cidades e camponeses (...). Enfim, a ação deve se organizar solidariamente, com os trabalhadores alemães (e os soldados) contra o Nazismo e desaguar sobre os Estados-Unidos Socialistas da Europa (contra a Europa dos saqueadores nazistas).

Dessa forma, o POI lutou para constituir comitês de donas-de-casa (comitês domésticos) e tentando, por outro lado, criar, nos sindicatos legais e ilegais, Grupos operários revolucionários concebidos, ao mesmo tempo, como reunindo trabalhadores em torno do Programa de Transição e como embriões de Sovietes, alimentados pela perspectiva de que o abalo social profundo gerado pela Guerra suscitaria uma nova crise revolucionária. "As bandeiras vermelhas da Revolução Alemã e do Exército Vermelho se reencontrarão em Berlim", assim escrevia *A Verdade*.

3) Aquela do Comitê Comunista Internacionalista (CCI), constituído em 1943, que considerava que a luta para a independência nacional mascarava a realidade da luta das classes e opunha, assim, o trabalho nas fábricas à atividade nos maquis*.

Os trotskistas do CCI voltaram-se, pois, inteiramente para as fábricas, enquanto os do POI tentavam trabalhar nos maquis, recusando subordinar-se, a nível político, à resistência gaullista. Dessa forma, um artigo de *A Verdade*, datado de 20 de maio de 1942, trazia o seguinte título: "Dois inimigos dos trabalhadores franceses: Laval e De Gaulle". Muito fracos para criar seus próprios maquis, que ninguém teria abastecido, eles não puderam, na verdade, implantar-se, nem nas FFI (Forças Francesas do Interior), nem nas FTB (Frentes de Trabalho Populares). Eles conseguiram, sob o impulso do alemão Widelin, organizar algumas células clandestinas na Wehrmacht**, decapitadas pela Gestapo em 1943.

* Maquis = locais onde se refugiavam os membros da Resistência Francesa durante a ocupação alemã ao tempo da Segunda Guerra Mundial. (N. da T.).
** Wehrmacht = Conjunto das três Forças Armadas Alemãs, de 1935-45. (N. da T.).

A repressão abateu-se sobre a IV Internacional, que se teria podido crer por um instante desmembrada. Em 1941, o SWP (Partido Socialista dos Trabalhadores) norte-americano teve de retirar-se, após o voto da Lei Voorhis, que proibia toda filiação internacional de uma organização norte-americana e, ao mesmo tempo, 18 militantes do SWP e militantes da Seção sindical "504" do CIO (Congress of Industrial Organizations), em Minneapolis, foram incriminados por propagação de idéias revolucionárias contra a Guerra e condenados a penas de prisão, variando de 12 a 16 meses. Os nazistas fuzilaram o alemão Marcel Widelin, organizador de células clandestinas na Wehrmacht e redator do jornal *Arbeiter und Soldat (Trabalhador e Soldado)*; o antigo membro do CC do PC Alemão, Werner Scholem; o ex-Secretário-Geral do PC Grego, Pantelis Pouliopoulos; o Secretário do POI, Marcel Hic; o belga Abreham Léon; Henryk Sneevliet e toda a Direção do PRSA holandês, próximo da IV Internacional; Léon Lesoil, antigo membro do Comitê Central do PC Belga; os japoneses fuzilaram o sucessor de Chen-Du-Siu, morto entre as mãos de Chiang Kai-Chek à frente dos trotskistas chineses, Tchen-Chi-Chiang; o PCF fez executar Pietro Tresso, ex-Secretário para a organização do PC Italiano; o Comando do Exército de Mao fez fuzilar o líder dos adeptos trotskistas Tchu-li-Ming; Ho-Chi-Minh fez executar o líder trotskista Ta-Thu-Tau, antigo dirigente da Comuna de Cantão; Tito fez abater Slobodam Maculic e os trotskistas de Belgrado...

Seria exagerado afirmar que este expurgo sangrento impediu apenas à IV Internacional de "encontrar o caminho das massas", mas, numa organização tão jovem e que uma parte de seus dirigentes experimentados acabava de deixar no dia seguinte à morte de Trotski, esse massacre de seus "cabeças" pesou muitíssimo sobre seu crescimento e tornou mais fino ainda o fio que a ligava à tradição histórica de que ela se valia.

1943: — A derrota do Exército nazista em Stalingrado marca o fim do período dos vinte anos de malogros ininterruptos para os trabalhadores do mundo. A roda da História retoma seu movimento em sentido inverso. O aniquilamento do nazismo libera uma poderosa vaga revolucionária no velho continente. Stalin dispersa a III Internacional. O Secretariado europeu da IV Internacional efetua, em fevereiro de 1944, uma conferência de suas Seções européias. As duas organizações francesas fundem-se logo após, para darem origem ao PCI, depois de terem condenado a política de ambos de seus componentes sobre a Questão Nacional:

> Em vez de distinguir entre o nacionalismo da burguesia vencida, que permanece uma expressão de suas preocupações imperialistas, e o "nacionalismo" das massas, que não é senão uma expressão reacionária de sua resistência contra a exploração do imperialismo invasor, a Direção do POI considerou como progressiva a luta de sua própria burguesia.

A condenação dirigia-se igualmente, contra "o desvio sectário de esquerda" e contra

> a política do CCI na França, sobre a Questão Nacional, que, com o pretexto de guardar intacto o patrimônio do Marxismo-Leninismo, se recusou com obstinação a distinguir o nacionalismo da burguesia do movimento de resistência das massas.

A derrota da Alemanha nazista deixava uma Europa exangue, à beira de perturbações sociais sobre as quais Trotski fundava sete anos mais cedo o desenvolvimento da Internacional. Os trotskistas, porém, eram demasiado fracos para contrariarem a política de ordem de Partidos Comunistas, endeusados pela parte predominante tomada na vitória por um povo soviético sangrado até a última gota. Togliatti tornava-se Ministro do governo de Badoglio, ex-dignitário fascista; Maurice Thorez, vice-presidente do governo De Gaulle, afirmava a necessidade da unidade nacional contra todo embrião de duplo poder, que podia sair das conferências de produção apoiadas pelos trotskistas nos Sindicatos, desde novembro de 1944. "Um só Estado, um só Exército, uma só Polícia", proclamava ele, acrescentando: "A greve é a arma dos trustes", em intenção dos operários, aos quais aconselhava, enfim, arregaçar suas mangas para produzir, "produzir em primeiro lugar".

Impotentes para modificar-lhes o curso, os trotskistas permaneceram, então, à margem dos acontecimentos. Esta contradição entre a perspectiva histórica sobre a qual se constituíra a IV Internacional e a realidade de sua intervenção não podia deixar de suscitar uma crise grave em suas fileiras: o PC, coagido a tomar a frente da greve da Renault, dirigida pelo PCI e o grupo trotskizante de *Voz Operária*, e alastrada pelo PCI às fábricas Unic, Saurer, Morane, Renaudin, onde eles estavam implantados, fez-se, por isso, "expulsar" do governo Ramadier. Isso não podia contrabalançar um balanço tão diminuto. Um novo período parecia abrir-se com a "Guerra Fria", o macarthismo e a histeria dos processos stalinistas...

CAPÍTULO VII

Um Passo Para Trás,
Dois Passos Para Frente

A vaga revolucionária, que inunda o mundo antes mesmo que a Guerra termine, faz estourar a Europa, saltar o equilíbrio instável das Democracias Populares, triunfar a Revolução na China; engrossa os Partidos Comunistas e abala o edifício colonial, mas a IV Internacional mal tira proveito dela, e não pode impedir que os PCs deixem de canalizar o movimento nos países-chaves da Europa. Na Europa Oriental, o equilíbrio político frágil das "democracias populares" — democracias burguesas fundadas na propriedade privada dos meios de produção... mas subordinadas à União Soviética — não resiste à primeira tensão da luta de classes internacional: Stalin edifica na Europa Oriental uma série de Socialismos num só (pequeno) país, caricaturas do modelo soviético. A URSS organiza a pilhagem desses microcosmos separados por fronteiras intransponíveis. Cortinas de ferro miniaturas dividem as economias complementares de povos ligados por uma história milenar e que não possuem mais entre si, como únicas relações, a não ser a subordinação aos interesses econômicos, militares e diplomáticos do Kremlin. Todavia, a coletivização, a socialização, o planejamento, o monopólio do comércio exterior são instaurados, e o capital expropriado. Seria a via *real* da Revolução? Esta idéia vai caminhar, subterrânea, no movimento trotskista e o fazer explodir em 1952.

Com alguns de seus quadros operários desmantelados pela repressão, fracamente implantada na classe operária, acrescida por sua composição social onde predominam os pequeno-burgueses e os intelectuais deslocados, e dirigida por jovens formados sozinhos na noite da Guerra e da calúnia, ou por alguns raros, que saíram ilesos da vanguarda, mais habituados, de ordinário, à luta faccional que ao trabalho de massa, com efeito, a IV Internacional não pode, ao sair da Guerra, resolver a contradição trágica entre seu programa e sua própria realidade, ou seja, a possibilidade de concretizar este programa na vida.

Isso se traduz pelas rupturas internas, pelas cisões, por uma rigidez organizacional sem conteúdo político real e a busca de substitutos que permitiriam ao Secretariado Internacional parar o mais depressa possível de vegetar à margem da História.

No início de 1948, reuniu-se o 2º "Congresso Mundial", que agrupa os delegados de 22 organizações e cujo nome visa apresentar a IV Internacional como uma realidade enquanto Partido Mundial da Revolução Socialista, dirigido por um Secretariado Internacional repousando num Comitê Executivo Internacional, o todo codificado por novos estatutos minuciosos.

A busca de um substituto fixa-se, de início, na França pela ruptura da direita do PCI, que reduz a cinzas o Trotskismo, a fim de encontrar adeptos numa "ampla" Reunião Democrática Revolucionária, que dura apenas o espaço de um verão, após ter absorvido 40% da organização trotskista francesa. A ruptura entre o PC Iugoslavo e o Kremlin pareceu oferecer um substituto internacional. Em 1950, porém, desejoso de obter dólares, Tito recusava-se a condenar na ONU a expedição norte-americana na Coréia.

Um ano mais tarde, no nº de fevereiro-março de 1951, o Secretário da IV Internacional, Michel Pablo, publicava, sob o título *Para onde vamos?*, um verdadeiro manifesto visando reorientar, no presente imediato e no futuro distante, a atividade dos trotskistas. Desejoso de encontrar um fundamento objetivo para a impotência da IV Internacional desde a Guerra e, por isso mesmo, o caminho da "salvação", Pablo, modificando a fórmula famosa de Marx e de Engels ("A história de toda sociedade até nossos dias não foi senão a história da luta de classes"), elaborava uma análise transitória da realidade contemporânea:

"A realidade social objetiva, para nosso movimento, está composta, essencialmente, pelo regime capitalista e pelo mundo stalinista. Aliás, quer queiramos ou não, esses dois elementos constituem a realidade objetiva simplesmente, pois a maioria esmagadora das forças opostas ao Capitalismo encontram-se, hoje, dirigidas ou influenciadas pela burocracia soviética".

Em virtude dessa divisão geográfico-política, a classe operária mundial nada mais era do que um apêndice do "mundo stalinista" e de seu Aparelho militar e policial: "O impulso revolucionário das massas erguidas contra o imperialismo soma-se como uma força suplementar às forças materiais e técnicas, que combatem o imperialismo".

Essa subordinação – que deverá acarretar a subordinação dos trotskistas a essas "forças materiais e técnicas, que combatem o imperialismo", ou seja, o Aparelho de Estado Soviético e os diversos PCs – justifica-se, aliás, pela inevitável existência de "séculos de transição" entre o Capitalismo e o Imperialismo:

"A transformação da sociedade capitalista em Socialismo ocupará, de modo provável, um período histórico inteiro de alguns séculos, que será preenchido entrementes por formas e regimes de transição entre o Capitalismo e o Socialismo, necessariamente afastados das formas puras e das normas".

Durante esses séculos de transição, que separarão a queda do Capitalismo e a instauração do Socialismo ("a cada um segundo o seu trabalho"), fase inferior do Comunismo ("a cada um segundo as suas necessidades"), a Burocracia terá, pois, um papel histórico a desempenhar: ela não é mais, desde então, excrescência parasitária sobre uma Revolução Proletária isolada e esfaimada, mas um elo inevitável no encadeamento de um processo revolucionário extremamente longo.

Pablo afirmava, ao mesmo tempo, num opúsculo intitulado *A Guerra que chega*: a Guerra é iminente entre o Capitalismo e a União Soviética e ela impelirá, sem cessar, mais para a esquerda os Partidos Comunistas, para onde afluirão as massas; daí a necessidade para os militantes trotskistas de entrarem nos PCs, a fim de neles reunir esse movimento real das massas. A esse "ingresso estratégico *sui generis*", era preciso subordinar toda a atividade dos trotskistas (mantendo sua existência autônoma pela publicação de um órgão político-literário independente), não importa a que preço: "A fim de integrar-se no real movimento das massas de trabalhar e de permanecer, por exemplo, nos sindicatos de massa, os 'ardis' e as 'capitulações' são, não só admitidos, mas necessários".

Essas são as características gerais do "Pablismo", que faz explodir a IV Internacional. Ao se recusar a se submeter a essa análise e à tática dela decorrente, a maioria da Seção francesa (o PCI) foi excluída em 1952. No ano seguinte, as Seções inglesa, chinesa e suíça, apoiadas pelo Socialist Workers'Party, solidarizavam-se com o PCI e constituíam o Comitê Internacional da IV Internacional.

TRÊS EXEMPLOS: ESTADOS UNIDOS, BOLÍVIA, CEILÃO (atual SRI LANKA)

1. O Trotskismo Norte-Americano após a Guerra

A morte de Trotski e a declaração da Guerra afetaram duramente o Socialist Workers'Party, abalado pela cisão e perseguido desde antes de Pearl-Harbour. Desde 1941, 18 dirigentes do SWP e do Sindicato dos Camioneiros de Minneapolis foram julgados; ao mesmo tempo, a *no-strike pledge (garantia de não-greve)*, apoiada pelo PC, proibia toda a greve no tempo de duração da Guerra. Democracia obriga.

Isolado do movimento europeu, e tendo apenas uma margem de atividade legal reduzida, o SWP tentou, sobretudo, proteger seus quadros sindicais, que os stalinistas, então ultrapatrióticos, perseguiam, e formar seus militantes. Daí por que não tomou senão uma diminuta parte no movimento de greves, que varreu os EUA desde o fim de 1944.

Os dias posteriores à Guerra viram um desenvolvimento da luta das classes, tanto nos EUA como na Europa.) O 12º Congresso nacional do SWP (abril de 1946) adotou uma Resolução intitulada *A Revolução Americana que chega*. O SWP desenvolveu-se, recrutou quadros, dobrou seus efetivos, mas o imperialismo norte-americano, que se incumbia de reconstruir o capitalismo europeu – e tendia a assumir o papel de polícia do universo –, conseguiu atenuar a crise que o sacudia, cumulando a Europa de dólares e a Coréia de canhões, de bombas e de rapazes... A caça às bruxas macarthista, desencadeada desde 1948, abalou todas as organizações operárias norte-americanas, dentre as quais o SWP. Os trotskistas norte-americanos tentaram encontrar uma saída para escapar de seu gueto. Em 1956, a crise do PC norte-americano, abalado pela repressão da Revolução Húngara, não lhes proporcionou quase nada. Por isso, eles começaram a se orientar para os meios intelectuais mais receptivos às "idéias" e à "propaganda" e, quando o movimento de 26 de julho dirigido por Castro, tomou o poder em Cuba em 1958, foi a iluminação. A Revolução, aguardada em vão, em 1946, no âmago dos EUA, explodia enfim a 250 quilômetros de Miami. Os dirigentes do SWP deram então, por longo tempo, o seu apoio, não só à Revolucão urbana, mas também ao *Castrismo*.

A adaptação ao Castrismo e aos círculos da *intelligentsia* radical norte-americana pesou, desde então, bastante fortemente sobre o SWP e seu movimento de Juventude, que romperam com o Comitê Internacional em 1963 e apoiaram a "reunificação" com a organização de M. Pablo e E. Germain para criar o Secretariado Unificado.

2. A Bolívia

O Partido Operário Revolucionário (POR) fundado no Congresso de Córdoba (Argentina) em 1934, sob o impulso do chileno José Aguirre Gainsborg, a partir de diversos grupos marxistas oposicionistas em exílio do PC Boliviano, então clandestino, implantou-se fortemente entre os mineiros no dia seguinte à Guerra: no início de 1946, o Congresso do Sindicato dos Mineiros de Llalagua-Catavi adota as teses apresentadas em nome da facção trotskista por Guillermo Lora. No dia seguinte à sublevação de julho, que leva ao poder uma coalizão stalinista-conservadora, os trotskistas, lançados no entanto, de novo na ilegalidade pelos ministros stalinistas do governo de coalização Rosca-PIR[1] fazem sancionar, pelo Segundo Congresso dos Mineiros, as teses ditas de Pulacayo, que exigem: a nacionalização das minas e da terra, o controle operário sobre a produção e sobre o comércio exterior, e a constituição de milícias operárias e camponesas. A Federação dos Mineiros forma com o POR um Bloco Mineiro Parlamentar, que passa a lutar pelas teses de Pulacayo, e que se compõe de seis Deputados, dentre os quais Guillermo Lora, eleito pelo Distrito mineiro de Catavi, e de três outros militantes do POR.

Após uma rebelião de mineiros, exasperados pelas medidas tomadas contra seu nível de vida em Catavi (março de 1949), onde dois mil dentre eles são massacrados, o governo Rosca-PIR apreendeu os bens da Federação dos Mineiros e colocou o POR fora da lei.

Em abril de 1952, as rupturas internas da burguesia boliviana e da Junta, que, em 1951, tomara o poder para impedir o MNR[2], vencedor das eleições, de a ele aceder, suscitam a explosão. Os trabalhadores derrubam a Junta após intensas manifestações, conduzem à direção da Bolívia um governo MNR, presidido por Paz Estensoro, e criam uma confederação sindical única, a Cen-

1. PIR = Iniciais do PC Boliviano. Rosca = nome da direita.
2. Movimento Nacional Revolucionário = Partido paqueno-burguês nacionalista, que influencia e organiza amplas camadas de operários e de camponeses.

tral Operária Boliviana (COB), onde os trotskistas do POR exercem uma séria influência.

A reivindicação central das massas em luta é a nacionalização das minas de estanho sob o controle operário, defendida pela POR, mas o governo Estensoro nega-se a atendê-la.

No momento em que, em conseqüência desse revés, o ímpeto operário reflui nas cidades, o movimento revolucionário estende-se aos campos, em ritmos bastante desiguais, e ergue dezenas de milhares de camponeses contra os grandes proprietários de terras, dos quais eles ocupam coletivamente os domínios. O POR, que estimula a apropriação coletiva, adianta a palavra de ordem: nacionalização da terra sem indenização e restituição da terra para as organizações camponesas. Palavra de ordem retomada em seu Congresso de Cochabamba, em julho de 1953, pela *Federação Camponesa* governamental... Contudo, o MNR, em quem a maioria dos camponeses e mesmo dos operários ainda confia, apóia a repressão feroz organizada pelos falangistas e pelos proprietários fundiários contra o movimento camponês.

Desde 1954, o movimento isolado recai, e o POR, abalado pela crise que destrói então a IV Internacional, vê uma fração de seus militantes praticar o "ingresso estratégico", deixando-o, para entrar na esquerda do MNR. Recusando sua autoliquidação no MNR, exigida por Pablo e o Secretariado Internacional, o POR é excluído por esses últimos. "Independente" até sua adesão ao Comitê Internacional em 1969, "ilegal" desde o Golpe de Estado, que conduziu o General Barrientos ao poder em 1964, o POR, apesar dos golpes que o atingem continuamente (assassinato de Cesar Lora, líder dos mineiros, de Camacho etc., prisão e deportação de seus dirigentes etc.), desempenhou um grande papel desde a queda do governo Barrientos, em 1971. Ele suscitou a Assembléia Popular da Bolívia, o primeiro soviete da América Latina. O Golpe de Estado de Banzer, em 1972, fê-lo retornar à ilegalidade! Todavia, muito influente junto aos mineiros de estanho, o POR esteve entre os primeiros de sua greve geral, em junho de 1976.

3. Ceilão (atual Sri Lanka)

Em 1935, um grupo de estudantes, formados na Universidade de Londres, fundou o Lanka Sama Samaya Party (LSSP), Partido operário, que lutava pela independência do Ceilão e apoiava a crítica trotskista do Stalinismo. O LSSP aderiu à IV Internacional em 1941 e foi dissolvido pouco depois pelo Governador Britânico. Após a Proclamação da Independência do Ceilão (1947), ele surgiu como o primeiro Partido Operário – e o principal Partido de Oposição da Ilha. O LSSP controlava determinado número de Sindicatos (estivadores, transportes, empregados no comércio e na indústria) e possuía, na época, um grupo parlamentar com uma dúzia de Deputados. Preocupados com sua "independência nacional", o LSSP apoiou Pablo, em 1953, em troca de uma garantia de não-ingerência de ex-Internacional em seus negócios internos.

Em agosto de 1953, sob o impulso dos trotskistas, uma grande greve geral ergueu os trabalhadores cingaleses contra o aumento galopante do preço do arroz. Em regiões inteiras, a "greve geral já atingia o nível de uma verdadeira rebelião", assinalava no ano seguinte o Congresso anual do LSSP. Contudo, este movimento de massas, se não resultou na tomada do poder, impeliu, em 1956, o Partido de Centro-Esquerda de M. Bandaranaïke (o SLFP) ao governo.

Desde esse instante, a Direção do LSSP, que qualificava o SLFP de "partido centrista"[3], considera sua ascensão ao poder sob a forma parlamentar, no quadro de um governo de Frente Popular. Desse modo, em 1959, com a concordância da Direção do Secretariado Internacional de M. Pablo, o LSSP examina um acordo de "não agressão" com o PC e o SLFP nas eleições de 1960, onde a Direção do LSSP esperava dar um grande salto adiante. Os resultados foram decepcionantes: 14 Deputados apenas, que votaram o orçamento do governo Bandaranaïke.

3. No vocabulário dos marxistas, um partido "centrista" é um partido operário que oscila entre o Reformismo e a luta conseqüente pela Revolução.

Em 1962, o LSSP tentou constituir uma Frente Única de Esquerda com o PC Cingalês e o MEP, uma espécie de PSU Cingalês, dirigida por um antigo trotskista. Porém esta Frente Única puramente parlamentar desagregou-se rápido, uma vez que estava privada de todas as perspectivas apenas no terreno do Parlamento, e em 1964 um Congresso Extraordinário do LSSP aceitava a proposta de Perera: a entrada dos "trotskistas" no governo da Sra. Bandaranaïke. Na exposição dos motivos, a maioria saudava, por exemplo, "o enfraquecimento extraordinário da Igreja Católica E A ATRIBUIÇÃO À TRADIÇÃO E À CULTURA BUDISTA DO LUGAR QUE LHES É DEVIDO". O LSSP explodiu: a grande maioria dos delegados ao Congresso e de seus Deputados foram excluídos do Secretariado Internacional pablista e uma minoria dirigida por dois líderes sindicais, ao mesmo tempo deputados, Bala Tampoe e Edmund Samarakkody, criou o LSSP *Revolutionnary*, Partido minúsculo, que foi esmagado, quando das eleições seguintes. A partir de então, o Partido "trotskista" participou de um novo governo de coalizão com o SLFP e o PC. Ele tornou-se uma espécie de Partido Reformista...

● ● ●

Os pablistas haviam procurado um substituto para a impotência, ao menos momentânea, da IV Internacional em criar verdadeiros partidos, decretando o ingresso estratégico sistemático nos Partidos Comunistas, que se supunham em plena evolução para a esquerda... Quatro anos mais tarde, a "desestalinização" desembocava num movimento revolucionário desviado na Polônia e numa revolução esmagada pelos tanques de guerra russos na Hungria. Entretanto, Michel Pablo sugeriu que a Polônia conhecia uma feliz evolução democrática, de que a Hungria não podia se beneficiar, considerando os erros de seus dirigentes:

"Na Polônia, graças ao papel de direção que o Partido Operário, conquistado, transformado pela tendência Gomulka, ela mesma expressão, com certeza deformada, da verdadeira tendência das massas, mas tendência centrista evoluindo ainda assim para a esquerda, a Revolução política das massas contra o regime burocrático pôde economizar um procedimento na incerteza e na confusão e evitar os perigos inerentes a essa situação.

"Na Hungria, a ausência de toda direção política centralizada, e por pouco clara que seja, provocou, ao contrário, a partir de determinado momento precisamente esses defeitos e esses perigos". Conclusão: "Sobrecarregado, o governo Nagy começou a manobrar fora do campo de classe, sem ter experimentado, ao invés, manobrar, frente ao Kremlin, dentro desse campo"[4], o Kremlin sendo, portanto, "o campo de classe". Porém, nove meses depois, o mesmo Gomulka, que comandava a Revolução política na Polônia (ou seja, executava com certa habilidade o programa da IV Internacional!), lançava a Polícia sobre os condutores de bonde, de Lodz, em greve, proibia o jornal da esquerda *Po Prostu*, e organizava a perseguição às manifestações estudantis nas ruas de Varsóvia, antes de participar da invasão da Tcheco-Eslováquia...

Era necessário, pois, encontrar outros substitutos. O Secretariado Internacional descobriu então a "Revolução Colonial". A luta pela emancipação, que sacudia os países coloniais desde a Segunda Guerra Mundial, explodia, na época, na Argélia, em Cuba, no Vietnã, em Angola... As "Frentes Nacionais" de libertação, constituídas em torno de um programa de manutenção da propriedade privada dos meios de produção, foram encarregadas pelos pablistas de executar, no seu setor colonial, isolado da luta de classes mundial, as tarefas históricas, de que o trotskismo e a experiência atribuem

---

4. *IVe Internacionale*, dezembro de 1956, pp. 6-7.

Os trotskistas, no seu jornal diário *A Verdade*, apelavam então para a manutenção dos Conselhos Operários polonês e húngaro e para a luta unida dos trabalhadores contra o Imperialismo e o Stalinismo solidários. Em 1968 ainda, P. Frank, em *La Quatrième Internationale*, fala dos "acontecimentos de Berlim Oriental de junho de 1953...", "dos acontecimentos da Polônia e da Hungria em 1956", do "caso tcheco-eslovaco" (p. 57), "acontecimentos" e "caso" nada sugerindo sobre a natureza desses abalos revolucionários.

a solução ao Partido Marxista Revolucionário. Castro e Ben Bella – como o governo birmanês ou egípcio – deviam proceder a nacionalizações bastante amplas, para tentar constituir um capital nacional. Os pablistas logo qualificaram seus países de Estados Operários. Ao mesmo tempo descobriam, no movimento comunista internacional, a emergência de uma "terceira tendência" – entre a China e a URSS –, aquela de Cuba, do Vietnã, da Coréia do Norte, a tendência dos combatentes revolucionários.

O VI Congresso Mundial do Secretariado Internacional em 1961 decretou que, consideradas as medidas tomadas pelo governo de Castro (nacionalizações, reforma agrária "muito avançada", existência de um "monopólio do comércio exterior"), "em Cuba havia se formado um Estado Operário de origem particular e de tipo novo". Dois anos mais tarde, o governo Ben Bella nacionalizou algumas empresas e pôs em autogestão as "empresas agrícolas vagas". O Secretariado Internacional declarou então: "A Argélia entrou numa fase eminentemente transitória do ponto de vista de suas estruturas econômicas e sociais, fase cujo resultado será a instauração de um Estado Operário".

A lógica do Pablismo, fundamentado na busca desesperada de um substituto imediato para a construção aparentemente impossível do Partido Revolucionário, devia engendrar, em curtos prazos, três conseqüências:

1) Uma ala do Secretariado Internacional impeliu às suas últimas conseqüências o "ingresso estratégico" nos Partidos tradicionais de massa. Além dos grupos francês (Mestre) e inglês (Lawrence), que reuniram o PC, ou tentaram, em 1961, toda uma fração do Secretariado Internacional, atrás do Bureau Latino-Americano, dirigido por Posadas, dividiu-se com a perspectiva de constituir uma nova Internacional com o PC Chinês, o Baas Sírio etc.

2) Outra ala levou até seu extremo resultado a idéia da Revolução Colonial: ele viu nos países coloniais e subdesenvolvidos, onde a luta contra o colonialismo erguia camponeses, burguesia nacional e proletários (raros), o verdadeiro centro de combate contra o

Imperialismo: as vagas, que inundam a Àsia, a África, a América Latina, vão, um dia, apagar a cidadela adormecida dos países capitalistas altamente industrializados. O líder desta tendência, Pablo, foi, por um instante, alto funcionário do governo Ben Bella. Em 1964, Pablo e seus adeptos romperam com o Secretariado Internacional (que, acabando de se unir a duas ou três organizações, que haviam rompido com ele em 1953, tomara a denominação de Secretariado Unificado), a fim de constituir a "Tendência Marxista-Revolucionária da IV Internacional".

3) Uma última fração, enfim, a maioria, tenta adotar, rever o Programa de que ela se valia, mantendo, formalmente, os quadros do Trotskismo. Pierre Frank definiu esta delicada operação em 1962:

"Nós mesmos, trotskistas, devemos (...) reajustar nosso Programa à situação nova, que se delineia".

Esse reajustamento funda-se na idéia de que o Capitalismo entrou num novo período que Ernest Germain denominará de o "Neocapitalismo", caracterizado por um novo desenvolvimento das forças produtivas. "É muito duvidoso que se tenham produzido, em toda a História do Capitalismo, mudanças tão importantes durante um tempo, apesar de tudo, tão limitado."

Essas mudanças duráveis são o pleno emprego, a melhoria do nível de vida, e o desenvolvimento prodigioso das técnicas: "Agora, não há desempregados, mas o pleno emprego". É preciso então "adaptar o Programa às novas condições, aos novos sentimentos das massas, ao novo nível a começar do qual partirão as inevitáveis lutas do amanhã".

"Em outras palavras, conclui Pierre Frank, nosso *Programa de Transição*, que contém, ainda, vinte e cinco anos após ter sido escrito, tantas coisas válidas para as camadas mais desfavorecidas da classe operária européia, deve ser completado por uma série de reivindicações correspondentes à situação nova que resultou dos progressos, que intervieram, entrementes, em conseqüência de um período excepcional de alta conjuntura."

Revisionismo, como se vê, no sentido estrito do termo, pois a "agonia do Capitalismo" torna-se um novo surto florescente, mas que se vale sempre do Trotskismo e de que E. Mandel deu a expressão mais perfeita nesses termos:

"O Capitalismo entrou numa terceira etapa de seu desenvolvimento, tão diferente do Capitalismo monopolístico ou do Imperialismo descrito por Lenin, Hilferding e outros, quanto o Capitalismo monopolístico o era do clássico Capitalismo do *laissez-faire* do século XIX". Ele define o novo estádio, ora como uma "terceira Revolução Industrial", ora como o "Neocapitalismo". Mandel substitui à luta pela queda do Aparelho de Estado burguês centralizado a reivindicação prioritária do "controle operário", o problema essencial sendo, doravante, não "a distribuição da renda", mas o problema qualitativo: "quem deveria comandar as máquinas, quem deveria determinar os investimentos, quem deveria decidir o que é necessário produzir e como produzi-lo?".

O Comitê Internacional, constituído em 1953 para defender a continuidade do Trotskismo e que se propõe como objetivo "reconstruir a IV Internacional, destruída pelo Pablismo", conheceu inícios difíceis: sua Seção francesa (PCI), que se negava a sabotar o seu programa político para entrar no PC e que interveio na greve geral de agosto de 1953, na greve de setembro de 1955, e nas manifestações dos recrutados, recuou. E, em junho de 1958, após a ascensão ao poder de De Gaulle, ela cessou de se proclamar "Partido", reagrupando-se em torno de seu órgão *A Verdade* e constituiu, em 1967, a Organização Comunista Internacionalista (OCI), que, apoiada na FER (Federação dos Estudantes Revolucionários) e nos grupos de jovens *Revoltados (Révoltés)*, por ela influenciados, lutou em maio-junho de 1968 contra a parcelarização sistemática do movimento de greve e para dar à greve geral sua expressão única e centralizada frente ao Estado, por meio da palavra de ordem do Comitê Central Nacional de Greve.

A OCI foi dissolvida em junho de 1968, mas esta decisão foi cassada pelo Conselho de Estado. Desde então, a OCI desenvolve uma atividade centrada em torno de dois pólos:

Na França, a realização da Frente Única contra os governos da V República. Esta perspectiva tomou uma forma particular contínua, precisada desde as eleições presidenciais de 1973, durante as quais a OCI pediu para votar em François Mitterrand a partir do primeiro turno; considerando que o bonapartismo gaullista, atingido em 1963 pelo malogro da greve dos mineiros, ferido gravemente em 1968 e mortalmente em 1969, faliu e se desmembra, a OCI insiste na aniquilação necessária das instituições da V República; ela insiste, desde as eleições legislativas parciais, sobre todos os elementos, que valorizam a "desestabilização" do regime, as tentativas impotentes de cruzar o bonapartismo moribundo com uma dose de parlamentarismo, os fatores de crise, que dilaceram a maioria no lugar, sobre a necessidade, para as organizações da classe operária, de romper todo liame – entre outros, o eleitoral – com as organizações políticas burguesas, que, como os radicais de "esquerda" (terceiro componente da União da Esquerda) ou a Federação dos Republicanos do Progresso de Charbonnel e Hamon (quarto componente da citada União), possuem apenas um único objetivo: proteger a propriedade privada dos meios de produção e salvaguardar o Capital; assim, a OCI opõe a Frente Única Operária à União da Esquerda com os Partidos burgueses.

Reconstruir a IV Internacional como expressão de uma unidade profunda da luta das classes, em escala mundial, tanto nos países onde o Capital foi expropriado, quanto nos países onde ele ainda predomina. A esse título, a OCI estimula, após a explosão do Comitê Internacional em 1972, o Comitê de Organização para a reconstrução da IV Internacional, cujas principais organizações são o Partido Obrero Revolucionário (POR) da Bolívia, Política Obrera (PO) da Argentina e o Grupo Socialista dos Trabalhadores (GST) de Quebec.

Em 1971, a Seção inglesa do Comitê Internacional, constituída em Socialist Labour League (Liga Socialista do Trabalho) no Labour Party (Partido Trabalhista) a partir da crise desencadeada no PC Britânico pelo esmagamento sangrento da Revolução Húngara, rompeu com a OCI e constituiu-se em Partido Revolucionário dos Trabalhadores (WRP). Esta ruptura sancionava o fato de que o Comitê Internacional, em vinte anos, mal avançara na via que se traçara.

No mesmo momento, iniciava-se uma dissociação no seio do Secretariado Unificado da IV Internacional – que uma pequena ala ultra-esquerda deixava para se reunir ao grupo norte-americano denominado Spartacist (Espartacista) – entre uma tendência dita facção Lenin-Trotski, dirigida politicamente pelo Partido Trotskista Norte-Americano, o Socialist Workers' Party, e a maioria dirigida pela Liga Comunista Revolucionária Francesa e o grupo belga de Ernest Mandel. O Partido norte-americano criticava, de início, a estratégia da guerrilha, encorajada pela maioria na América Latina (o que se chama o "guerrilheirismo" ou o "foquismo", do vocábulo espanhol *foco* ou centro (*foyer*) ...). Depois, a facção Lenin-Trotski criticou a concepção das novas vanguardas, adiantada pela maioria (isto é, a idéia de que é preciso procurar outras camadas, além da classe operária, reserva de caça guardada do Stalinismo, ou mesmo da Social-Democracia, para constituir uma vanguarda política, ou seja, os estudantes, ou as minorias nacionais, ou as mulheres), a seguir, opõe-se ao apoio fornecido pela maioria à política de Cunhal, ao MFA (Movimento das Forças Armadas) e ao governo Gonçalves em Portugal, em resumo, à concepção majoritária da Frente Única como apoio aos stalinistas. Estas divergências, no momento em que escrevemos, definem duas políticas bastante diferentes, e na aparência, pouco conciliáveis.

Para as organizações do Comitê de Organização para a reconstrução da IV Internacional, a situação atual caracteriza-se por uma "crise conjunta do Imperialismo e do Stalinismo": o Imperialismo sufoca num mercado capitalista mundial bem demasiado estreito para absorver as mercadorias que ele produz, o que gera a militarização da economia capitalista, à qual a economia bélica serve de reserva de produção, e uma extraordinária proliferação do capital fictício, que devem, um dia, ser inevitavelmente reabsorvidas por uma destruição gigantesca das forças produtivas. Isto gera também a vontade de reconquistar — se possível, pacificamente, pela violência, ou seja, a guerra, se preciso — os enormes mercados, que lhe escaparam, de Pequim a Praga. Daí a necessidade, para os trotskistas, de defender contra o Imperialismo os países onde o Capital foi expropriado.

Os países de economia coletivizada, após um desenvolvimento muito desigual devido à coletivização, ao planejamento e ao monopólio exterior, que lhes permitiram passar de um estádio atrasado a um mais ou menos elevado de produção, malgrado sua fragmentação absurda em "socialismos" pequenos em países pequenos, sufocam, também eles, na construção de suas fronteiras nacionais. Sua economia não pode mais se desenvolver, como o demonstra o exemplo na Tcheco-Eslováquia, a não ser inserindo-se na divisão internacional do trabalho, ou seja, num mercado mundial ainda controlado pelo Capitalismo. Portanto, seu destino está estreitamente ligado ao desenvolvimento da luta de classes nos países capitalistas avançados, o que coloca entre eles, com uma urgência sem cessar aumentada, a alternativa: restauração do Capitalismo ou revolução política para derrubar a Burocracia, garantia de ordem social no Ocidente... A Europa industrializada é o foco da Revolução iminente, pois está no centro da crise, que abala, ao mesmo tempo, o Capitalismo e a Burocracia: a coincidência, no tempo, da greve geral de maio-junho de 1968, na França, e da "Primavera de Praga", exprime esta unidade da luta de classes mundial. Exprimi-la e organizá-la, por meio da realidade de uma IV Internacional, que é preciso reconstruir, esta é a ambição afirmada pelo Comitê Internacional.

Esta ambição apóia-se também em dados "subjetivos": a cada crise nos países da Europa Oriental, a esquerda comunista, que se liberta e arrasta as massas, tanto quanto ela as reflete, recupera, sem conhecê-las, as análises tradicionais do Trotskismo, senão mesmo as palavras de ordem do *Programa de Transição*: análise da Burocracia como uma casta parasitária[5] e do Stalinismo como um câncer monstruoso sobre a Revolução[6]; necessidade de uma luta internacional contra a Burocracia[7], contra o Stalinismo e o Capitalismo[8]; exigência da Democracia operária[9]; luta pela República dos Conselhos[10]. Quando o Presidente do colcós *Iauna Gvarde*, Ivan Iakhimovitch, declara: "Leninismo, sim! Stalinismo, não!", recuperando as próprias palavras de Ignace Reiss, o dirigente da GPU, que se passou para a IV Internacional em 1937; quando, na URSS, Alexis Kosterin opõe "o Socialismo marxista-leninista, regenerado" ao Capitalismo e ao "Socialismo" stalinista, eles expressam uma convergência e uma continuidade, tanto mais notáveis porque elas são inconscientes.

Desde então, essa oposição dissociou-se. Contudo, a "dissociação" entre a Burocracia dirigente e os trabalhadores dos países do Leste não fez senão crescer. A

5. "A Revolução nos equipou com um Aparelho completo de governo (...). Jamais controlado pelas massas, e logo anulando, com habilidade, todo meio de controle, este Aparelho degenerou (...). Esta casta foi um elemento antiprogressista e seus interesses eram contrários aos dos trabalhadores" (Krysztof Toeplits, *Nowa Kultura*, Varsóvia, 29 abril 1956).

6. O "Stalinismo foi *a antítese* do regime soviético, com o qual coabitou e sobre o qual viveu como parasita" (Mieczyslaw Bobrowski, *Nowa Kultura*, 19 fev. 1957).

7. "Nós introduzimos o aspecto da aniquilação do poder absoluto da casta burocrática, esta casta introduzida no cenário internacional pelo Socialismo stalinista (...). Estamos a nos aproximar da destruição do poder dessa casta, agora quase hereditária, que está atada por mil liames de corrupção e de interesses mútuos a seus equivalentes do Estrangeiro (...). Nós pomos em risco a Burocracia, que está lentamente, mas com certeza, a enterrar o Socialismo em escala mundial" (Jiri Hochman, *Reporter*, Praga, 31 jul. 1968).

8. "A condição necessária da luta contra o Stalinismo é que ela não deve limitar-se ao quadro de um só país ou de um só partido, mas deve conduzir-se, precisamente, no quadro do movimento operário internacional (...). A sobrevivência do Stalinismo em nossa fileiras é a mais segura garantia das vitórias do imperialismo" (Roman Zimand, *Po Prostu*, Varsóvia, 4 nov. 1956).

9. "Abaixo a política econômica stalinista! Gestão operária nas fábricas! Em frente, pela Democracia socialista!" (Palavras de ordem do Círculo Petöfi, de Budapest, nov. 1956).

10. "A classe operária deve organizar, além dos Conselhos Operários nas empresas (...), Conselhos de Delegados Operários." (Kuron e Modzelewski, Carta Aberta ao Comitê Central do POPU – Partido Operário Polonês Unificado, 1964.)

Polônia oferece um exemplo disso. Quando, em dezembro de 1970, Gomulka decreta uma alta dos preços dos produtos alimentícios na Polônia, para desnatar os salários dos trabalhadores a fim de alinhar os preços poloneses com os de mercado mundial, suscita uma reação profunda entre os trabalhadores do Báltico, que desencadeiam a greve, fazem manifestações, constituem Comitês de Greve e, apesar da repressão feroz, derrubam Gomulka. Seu substituto, Gierek, tenta adiar o confronto, tomando emprestado de qualquer um dólares, marcos, francos, eurodólares... Na primavera de 1975, os credores do Ocidente ficam impacientes; a dívida externa da Polônia cresce em rápida velocidade e a rentabilidade do trabalho na Polônia anda como uma lesma. Em junho, Gierek, para responder às exigências dos credores, decreta uma nova elevação dos preços. Os operários de Ursus e de Radom decretam a greve. Em algumas horas, a Polônia está a beira de uma greve geral. Gierek recua e nenhuma solução de substituição aparece. Os credores ocidentais devem roer-se por dentro, e, na primavera de 1976, a dívida externa da Polônia eleva-se a oito bilhões de dólares, três vezes o montante anual de suas exportações. O Estado polonês encontra-se à beira da bancarrota. Todavia, uma terceira tentativa de alinhamento dos preços não suscitaria uma explosão ameaçadora numa Europa marcada pela Revolução Portuguesa de 1974, pela vitória da Revolução do Vietnã, que abala a ordem social em toda a Ásia, pelo desmembramento da ordem burguesa na Itália, pela derrocada da Grã-Bretanha, pela crise política, que desgasta a V República que chega ao fim na França... E, haja o que houver, é nisso que os trotskistas se apóiam, e em que a OCI se fundamenta, para afirmar: "O período, que acaba de se abrir, é o da Revolução iminente, da construção de Partidos revolucionários em cada país, sobre a base do Programa de Transição da reconstrução da IV Internacional".

SEGUNDA PARTE

ELEMENTOS DO DOSSIÊ
E ESTADO DA QUESTÃO

DOCUMENTOS

1. Trotski, *A Revolução Permanente e o Socialismo num só País.*
2. A Declaração dos 46.
3. A Declaração dos 83.
4. A plataforma da Oposição de Esquerda.
5. Racovski, *Os riscos profissionais do poder.*
6. Trotski, *Termidor.*
7. Trotski, *A Frente Popular.*
8. *Programa de Transição*: A agonia do Capitalismo e as tarefas da IV Internacional – A natureza da URSS.
9. Trotski, *Stalinismo ou Bolchevismo.*
10. Blasco (P. Tresso), *Stalinismo e Fascismo.*
11. A defesa das liberdades e os Acordos de Helsinque.
12. Manifesto da OCI, *Revolução Mundial ou Aniquilamento.*

Documento 1:

Trotski: O QUE É A REVOLUÇÃO PERMANENTE?[1]

Teses

2. Para os países com desenvolvimento burguês retardatário e, em particular, para os países coloniais e semicoloniais, a teoria da Revolução Permanente significa que a solução verdadeira e completa de suas *tarefas democráticas e de libertação nacional* não pode ser senão a Ditadura do Proletariado, que toma a frente da nação oprimida, antes de tudo de suas massas camponesas.

4. Quaisquer que sejam as primeiras etapas episódi-

---

1. Compararemos estas linhas à definição dada pelo stalinista russo Makarov à Revolução Permanente em *A Crítica ao Trotskismo*, etc., publicada em 1965 em Moscou: "Para Trotski, a Revolução só pode vencer, ao mesmo tempo, em todos os países e será, desde seus primeiros passos, proletária" (p. 37).

cas da Revolução nos diferentes países, a aliança revolucionária do Proletariado e do Campesinato só é concebível sob a direção política da vanguarda proletária organizada em Partido Comunista. O que significa, por sua vez, que a vitória da Revolução Democrática só é concebível por meio da Ditadura do Proletariado, que se apóia em sua aliança com o Campesinato e resolve, em primeiro lugar, as tarefas da Revolução Democrática.

8. A Ditadura do Proletariado, que assumiu o poder como força dirigente da Revolução Democrática, é inevitável e muito rapidamente colocada diante de tarefas, que a coagirão a realizar incursões profundas no direito de propriedade burguês. A revolução Democrática, no curso de seu desenvolvimento, transforma-se diretamente em Revolução Socialista e torna-se, assim, uma Revolução *Permanente*.

9. A conquista do poder pelo Proletariado não põe um fim a Revolução, ao contrário, só faz inaugurá-la. A construção socialista apenas é concebível na base da luta de classe em escala nacional e internacional. Esta luta, considerando a dominação decisiva das relações capitalistas na arena mundial, acarretará, de forma inevitável, erupções violentas, ou seja, Guerras Civis internamente e Guerras Revolucionárias externamente. É nisso que consiste o caráter permanente da própria Revolução Socialista, quer se trate de um país atrasado, que acaba de realizar sua Revolução Democrática, ou de um velho país capitalista, que já passou por um longo período de Democracia e de Parlamentarismo.

10. A Revolução Socialista não pode ser levada a cabo nos limites nacionais. Uma das causas essenciais da crise da sociedade burguesa vem do fato de que as forças produtivas, por ela criadas, tendem a sair do quadro de Estado Nacional. Daí as Guerras Imperialistas, de um lado, e a utopia dos Estados-Unidos burgueses da Europa, de outro. A Revolução Socialista começa no terreno nacional, desenvolve-se na arena internacional e termina na arena mundial. Assim, a Revolução Socialista torna-se permanente no sentido novo do termo; ela só termina no triunfo definitivo da nova sociedade em todo o nosso planeta.

12. A teoria do "Socialismo num só país", que germinou no lixo da reação contra Outubro, é a única teoria que se opõe de maneira profunda e conseqüente à teoria da Revolução Permanente (...). A renúncia a uma atitude internacional leva, de modo inevitável, ao *messianismo* nacional, ou seja, ao reconhecimento de vantagens e de particularidades específicas, que permitem a um país desempenhar um papel ao qual os outros não poderiam elevar-se.

A divisão mundial do trabalho, a dependência da indústria soviética em relação à técnica estrangeira, a dependência das forças produtivas dos países avançados em relação às matérias-primas asiáticas etc., tornam impossível a construção de uma sociedade socialista autônoma, isolada em qualquer região do mundo.

(Fonte: *Da Revolução*, pp. 364-367.)

Revolução Permanente e Socialismo num só País

... O Marxismo procede da economia mundial considerada não como a simples adição de suas unidades nacionais, mas como uma poderosa realidade independente criada pela divisão internacional do trabalho e pelo mercado mundial que, em nossa época, domina todos os mercados nacionais. As forças produtivas da sociedade capitalista ultrapassaram, há muito tempo, as fronteiras nacionais. A Guerra Imperialista foi apenas uma das manifestações deste fato. A sociedade socialista deveria representar, do ponto de vista da produção e da técnica, uma fase mais elevada que o Capitalismo; se nos propomos construir a sociedade socialista *dentro de limites nacionais*, isto significa que, a despeito de êxitos temporários, freamos as forças produtivas, mesmo em relação ao Capitalismo. É uma utopia reacionária desejar criar, no quadro nacional, um sistema harmonioso e suficiente, composto de todos os segmentos econômicos, sem considerar as condições geográficas, históricas e culturais do país, que participa da unidade mundial (*id.*, p. 249).

Documento 2:

A DECLARAÇÃO DOS 46

Nós vemos efetuar-se uma divisão, sem cessar crescente e doravante maldisfarçada, entre a hierarquia dos Secretários e o "povo tranqüilo", entre os quadros profissionais do Partido, recrutados por cima, e a massa dos membros, que não participam da vida comum do Partido.

É um fato bem conhecido de cada militante. Os membros do Partido, insatisfeitos com esta ou aquela decisão do Comitê Central ou mesmo de um Comitê Provincial que possuem dúvidas, que notam na vida privada este ou aquele erro, esta ou aquela irregularidade, esta ou aquela desordem, têm medo de falar deles nas reuniões do Partido – e mesmo em suas conversas, a menos que o interlocutor não esteja perfeitamente seguro do ponto de vista da "discrição"; a livre discussão dentro do Partido praticamente desapareceu, a opinião pública do Partido está paralisada. Hoje, não é mais o Partido, não é mais a massa de seus militantes, que escolhe e seleciona os membros dos Comitês Provinciais e do Comitê Central do PCR. Ao contrário – e isso num grau sem parar maior –, é a hierarquia dos Secretários, que recruta os Delegados das Conferências e dos Congressos, que se tornam, assim, cada vez mais as Assembléias Executivas desta hierarquia.

O regime estabelecido no Partido é perfeitamente intolerável; ele destrói a intolerância do Partido substituindo-o por um Aparelho burocrático, selecionado, que funciona sem incidentes desagradáveis em período normal, mas é incapaz de enfrentar as crises e ameaça ser totalmente ineficaz diante dos acontecimentos graves na ordem do dia.

Essa situação explica-se pelo fato de que a ditadura de uma fração no Partido – instaurada, na verdade, após o X Congresso – perpetuou-se no momento em que ela terminou de desempenhar seu papel. Muitos dentre nós aceitaram sujeitar-se a semelhante regime. A virada política de 1921 e depois a doença do camarada Lenin exigiam, aos olhos de alguns de nós, a Ditadura no Partido como uma medida temporária. Outros camaradas, desde o início, adotaram uma atitude cética ou negativa quanto a isso. Seja como for, desde a época do XII Congresso, esse regime ditatorial esgotara suas possibilidades; ele se sobrevive e começa a ostentar os seus aspectos negativos.

(Fonte: J.-J. Marie, *Les paroles qui ébranlèrent le monde* (As Palavras que Abalaram o Mundo), pp. 302-303.)

Documento 3:

A DECLARAÇÃO DOS 83

Embora tenhamos já na China uma poderosa classe operária, embora o proletariado de Shangai, numa situação das mais difíceis, tenha podido revoltar-se e ser o dono da cidade, embora o proletariado chinês tenha, na China, uma ajuda potente do campesinato, que se rebela, em resumo, que ele tenha tido todos os dados para a vitória do "1905 chinês" (Lenin), disso resultou que os operários chineses corriam riscos, sem proveito pessoal pela burguesia, desempenhando, de fato, até agora, o mesmo papel que aquele ao qual estavam condenados os operários durante a Revolução de 1848 (...).

Na verdade, "a linha" na China traduziu-se assim: não devíamos armar os operários, não devíamos organizar greves revolucionárias, não era preciso erguermos completamente os camponeses contra os proprietários, não podíamos publicar um diário comunista, não devíamos criticar os Senhores burgueses do Kuomintang "de esquerda", não devíamos criar células comunistas nos Exércitos de Tchang-Kai-Chek, não devíamos lançar a palavra de ordem dos Sovietes para não "repelir" a burguesia, para não "assustar" a pequena-burguesia, para não abalar o governo do "Bloco das 4 classes". À guisa de resposta, e para nos agradecer por uma tal política, a burguesia nacional chinesa – como era de se esperar dela –, escolhendo o momento propício, fuzila os operários chineses e pede socorro, hoje, aos imperialistas japoneses; amanhã, aos imperialistas norte-americanos; depois de amanhã, aos imperialistas ingleses (...).

A tática do CC na questão do Comitê Anglo-Russo foi completamente falsa. Nós defendemos a autoridade dos traidores do Conselho Geral no período mais crítico para este, durante as semanas e os meses da Greve geral e da Greve dos mineiros. Nós os ajudamos a se manterem. Nós terminamos por capitular diante deles na última Conferência de Berlim, reconhecendo o Conselho Geral como único representante do Proletariado inglês (e mesmo como único representante de seu ponto de vista) e aceitamos assinar o compromisso de não nos intrometermos nos assuntos internos do movimento operários inglês (...).

Para todo marxista, é indiscutível que a política falsa aplicada na China e que se refere à questão do Comitê Anglo-Russo não é fortuita. Ela prolonga e completa uma política interna falsa (...).

Uma falsa política acelera o crescimento das forças hostis à Ditadura do Proletariado: "kulaks", "nepmen", burocratas. Daí a impossibilidade de utilizar plenamente os recursos materiais do país pela indústria e pela economia do Estado. O atraso da indústria pesada para satisfazer as demandas da economia nacional (penúria, alta dos preços, desemprego) e de todo o sistema soviético no seu conjunto (a defesa do país) conduz ao reforço dos elementos capitalistas na economia da União Soviética, sobretudo nos campos.

A diferenciação do campesinato acelera-se cada vez mais. Ao partir da palavra de ordem "Enriqueçam", do convite dirigido aos "kulaks" para "se integrarem no Socialismo", o grupo dirigente do CC chegou a omitir o processo de diferenciação nos campos, a subestimar este problema, e sua política consistiu, na prática, em se apoiar no camponês economicamente forte (...).

A palavra de ordem principal, para a preparação do XV Congresso, deverá ser a unidade, uma unidade real, leninista do PC da URSS.

(Fonte: *A Declaração dos 83*, Paris, 1927, pp. 1-6.)

Documento 4:

A PLATAFORMA DA OPOSIÇÃO DE ESQUERDA

XI. *Divergências reais e divergências imaginárias.*

O desvio pequeno-burguês, em nosso próprio Partido, não pode combater nosso ponto de vista leninista, a não ser atribuindo-nos o que jamais dissemos nem pensamos. O grupo Stalin sabe perfeitamente bem que se nós pudéssemos, seja em que medida for, defender livremente nosso ponto de vista político, a enorme maioria dos membros de nosso Partido nos apoiaria (...).

2. Quando, logo após Lenin, nós dizemos que, para acabar de construir a sociedade socialista em nosso país, a vitória da Revolução Proletária é necessária em um ou vários países capitalistas avançados, que a vitória difinitiva do Socialismo num só país – aliás, atrasado – é impossível, como Marx, Engels e Lenin demonstraram, o grupo Stalin nos atribui o ponto de vista de que nós "não acreditamos" no Socialismo e na edificação do Socialismo na URSS.

3. Quando, logo após Lenin, nós assinalamos o crescimento das deformações burocráticas de nosso Estado Operário, o grupo Stalin nos atribui a idéia de que, em geral, julgaríamos que nosso Estado Soviético não é um Estado Proletário. Quando diante de toda a Internacional Comunista, declaramos (ver a Declaração assinada por Zinoviev, Kamenev e Trotski, em 15 de dezembro de 1926, na 7ª Executiva ampliada da IC): "Todos aqueles que, tentando direta ou indiretamente solidarizar-se conosco, negarão, ao mesmo tempo, o caráter proletário de nosso Partido e de nosso Estado como o caráter socialista da edificação social na URSS, encontrarão, de antemão, de nossa parte uma resistência ferrenha", o grupo Stalin oculta nossa Declaração e continua a nos caluniar.

4. Quando assinalamos que no país crescem elementos termidorianos, que possuem uma base social bastante séria, quando exigimos que a Direção do Partido aponha a esses fenômenos e à sua influência sobre certos círculos de nosso Partido uma resistência mais sis-

temática, mais firme, e todo um sistema de medidas melhor estudadas, o grupo Stalin nos atribui o pensamento de que declaramos que o Partido é termidoriano e a Revolução Proletária está em degenerescência.

5. Quando assinalamos o enorme crescimento do "kulak", quando, logo após Lenin, continuamos a afirmar que o "kulak" não pode, de forma pacífica, "se desenvolver para o Socialismo", que ele é o inimigo mais pernicioso da Revolução Proletária, o grupo Stalin acusa-nos de querer "despojar o campesinato".

6. Quando chamamos a atenção de nosso Partido sobre o reforço das posições do capital privado, sobre o crescimento desmedido de sua acumulação e de sua influência no país, o grupo Stalin acusa-nos de intervir, parece, contra a NPE e de exigir o retorno ao Comunismo de guerra (...).

8. Quando assinalamos o atraso de nossa indústria sobre as necessidade da economia do país, bem como de todas as conseqüências dele decorrentes: distorções, carência de mercadorias, prejuízo devido a ligação entre o proletariado e o campesinato, denominam-nos de superindustrializadores (...).

10. Quando nós intervimos contra a "*entente cordiale*" com os traidores para a Greve geral e os contra-revolucionários do Conselho Geral dos *Trade Unions* (Sindicatos dos Trabalhadores) britânicos, que desempenham abertamente o papel de agentes de Chamberlain, acusam-nos de sermos, parece, contra o trabalho dos comunistas nos Sindicatos e contra a tática da Frente Única.

11. Quando nós intervimos contra o ingresso dos Sindicatos da URSS na Internacional de Amsterdã e contra toda perda de tempo em jogar com as camadas superiores da II Internacional, acusam-nos de "desvios social-democratas".

12. Quando nós intervimos contra a confiança concedida aos Generais chineses, contra a subordinação da classe operária à burguesia do Kuomintang, contra a tática menchevique de Martynov, acusam-nos de sermos "contra a revolução agrária na China" e de sermos "cúmplices de Tchang-Kai-Chek".

14. Quando, fiéis ao ensinamento de Lenin, mostramos que a aproximação da Guerra requer, de um modo particularmente urgente, uma linha política clara, vigorosa e marcada com força no aspecto da luta das classes, acusam-nos sem pudor de não desejarmos defender a URSS, de sermos "defensores condicionais" semiderrotistas etc.

15. Quando nós assinalamos este fato absolutamente incontestável de que, no mundo inteiro, toda a imprensa capitalista e social-democrata apóia a luta de Stalin contra a Oposição no PC da URSS, cobre Stalin de elogios por sua repressão contra a Oposição, e lhe pede para acabar com a Oposição, para excluí-la do CC e do Partido, o *Pravda* e toda a imprensa do Partido, bem como toda a imprensa soviética, que o imita servilmente, pretendem dia após dia, de modo fraudulento, que a burguesia e a Social-Democracia seriam a favor "da Oposição" (...).

18. Todavia, nesses últimos tempos, uma acusação, em particular, teve grande aceitação: é a acusação de "Trotskismo".

Diante de toda a Internacional Comunista (ver a Declaração de 15 de dezembro de 1926 supracitada), nós declaramos, sob a assinatura de Zinoviev, Kamenev, e Trotski: "É falso que defendemos o Trotskismo. Trotski afirmou perante toda a Internacional Comunista que, em todas as questões de princípio, quaisquer que elas fossem, sobre as quais entrou em controvérsia com Lenin, fora Lenin quem tivera razão, e , em particular, na questão da Revolução Permanente e do campesinato". O grupo Stalin não publicou esta Declaração feita diante de toda a Internacional Comunista, e continua a nos acusar de "Trotskismo".

Esta Declaração tem relação apenas, isto é natural, com as divergências passadas com Lenin e não com estas "divergências" inventadas, sem pudor, por Stalin e Bukharin. A relação, que eles pretendem descobrir entre nossas divergências de um passado findo e as que surgiram durante a Revolução de Outubro, é imaginária (...).

Por meio de citações separadas, arrancadas de seu contexto, por meio de uma utilização grosseira e desleal de antigas passagens polêmicas de Lenin, reunidas com parcialidade e ocultando do povo outras passagens bem mais recentes, por meio de uma real falsificação da História do Partido e de fatos que datam de ontem, e, enfim, – o que é muito mais importante –, mutilando e escamoteando verdadeiramente as questões hoje em discussão, o grupo Stalin-Bukharin, distanciando-se cada vez mais de Lenin, esforça-se por induzir o Partido ao erro, fazendo-o crer que se trata da luta entre o Trotskismo e o Leninismo, ao passo que se trata, na realidade, da luta entre o Leninismo e o oportunismo stalinista. Assim, os revisionistas, sob a aparência de lutar contra o "branquismo", combateram, de fato, o Marxismo (...).

A melhor resposta à acusação de "Trotskismo" lançada contra a Oposição é a presente plataforma. Todos os que a lerão serão convencidos de que, da primeira à última linha, ela repousa no ensinamento de Lenin e que está impregnada do espírito do Bolchevismo autêntico.

(Fonte: *The Platform of the Left Opposition* pp. 98-103.)

Documento 5:

**CHRISTIAN RACOVSKI:
OS RISCOS PROFISSIONAIS DO PODER**

Quando uma classe toma o poder, uma de suas partes torna-se o agente desse poder. Assim surge a Burocracia. Num Estado Socialista, onde a acumulação capitalista é proibida pelos membros do Partido dirigente, essa diferenciação começa por ser funcional; depois, ela se torna social. Penso, aqui, na posição social do funcionário que tem à sua disposição um automóvel, um bom apartamento, férias regulares, e que recebe o salário máximo autorizado pelo Partido; posição que difere do comunista, que trabalha nas minas de carvão e que recebe um salário de 40 a 60 rublos por mês. Quanto aos operários e aos empregados, vocês sabem que eles estão divididos em dezoito categorias diferentes...

Uma outra conseqüência é que algumas das funções outrora preenchidas por todo o Partido, por toda a classe, tornaram-se agora atributos do poder, ou seja, apenas um certo número de pessoas nesse Partido e nessa classe (...).

A classe operária e o Partido, não só *física* mas *moralmente*, não são mais o que eram há dez anos. Não exagero quando digo que o militante de 1917 teria dificuldade em se reconhecer no militante de 1928. Uma mudança profunda ocorreu na anatomia e na fisiologia da classe operária (...).

Se nós descermos e penetrarmos nas profundezas do proletariado, do semiproletariado e das massas trabalhadoras em geral, ali encontraremos partes inteiras da população, de que mal se trata entre nós. Não quero falar aqui só dos desempregados que constituem um perigo sempre crescente, que, em todo caso, foi claramente indicado pela Oposição. Penso nas massas reduzidas à mendicância ou ao semi-empobrecimento, que, graças aos subsídios irrisórios concedidos pelo Estado, estão no limite do pauperismo, do roubo e da prostituição (...).

Não me deterei aqui na diferenciação introduzida pelo poder no seio do proletariado, e que qualifiquei mais acima de "funcional". A função modificou o próprio órgão, isto é, a psicologia daqueles que são encarregados das diversas tarefas de Direção na administração e na economia do Estado mudaram a tal ponto que, objetivamente, e subjetiva, material e moralmente, eles cessaram de pertencer a essa mesma classe operária. Dessa forma, por exemplo, um Diretor de fábrica exercendo a função de "sátrapa", embora seja um comunista, apesar de sua origem proletária, apesar do fato de que trabalha ainda na fábrica há alguns anos, não encarna, aos olhos dos operários, as melhores qualidades do proletariado. Molotov pode colocar, de bom grado, um sinal igual entre a Ditadura do Proletariado e nosso Estado com suas degenerescências burocráticas e, ademais, com os brutos de Smolensk, os escroques de Tachkent e os aventureiros de Artiemovsk. Ao fazer isso, ele só consegue desacreditar a Ditadura sem aplacar o descontentamento dos operários.

Se passarmos ao próprio Partido, além de todas as outras nuanças que encontramos na classe operária, é preciso acrescentar os trânsfugas das outras classes. A estrutura social do Partido é bem mais heterogênea do que a do proletariado. Sempre foi assim, naturalmente com a diferença de que, quando o Partido tinha uma vida política intensa, ele fundia esse amálgama social numa só liga, graças a luta de uma classe revolucionária em ação.

Contudo, o poder é uma causa, tanto no Partido quanto na classe operária, da mesma diferenciação, que põe a descoberto os liames existentes entre as diversas camadas sociais.

A burocracia dos Sovietes e do Partido constitui um fato de uma nova ordem. Não se trata de casos isolados, de falta na conduta de um camarada, mas antes de uma nova categoria social, à qual todo um tratado deveria ser consagrado.

(Fonte: *Boletim da Oposição*, n.º 17.)

Documento 6:

Trotski: O ESTADO OPERÁRIO, TERMIDOR E BONAPARTISMO

As discussões sobre Termidor no passado

A questão de "Termidor" está estreitamente ligada à História da Oposição de Esquerda na URSS. Não seria fácil estabelecer hoje quem, primeiro, recorreu à analogia histórica com Termidor. Em todo caso, em 1926, as posições dividiam-se quase assim: o grupo de *Centralismo Democrático* (V.-M. Smirnov, que Stalin fez perecer no exílio; Sapronov etc.) afirmava: "Termidor é um fato acabado!". Os partidários da plataforma da Oposição de Esquerda, os bolchevistas-leninistas, repeliam categoricamente esta afirmação. Nessa linha produziram-se, mesmo, cisões (...).

Feu V.-M. Smirnov – um dos representantes mais eminentes do velho bolchevique de outrora – considerava que o atraso da industrialização, a ascensão do "kulak" e do "nepman" (novo-rico), a ligação entre eles e a Burocracia, enfim, a degenerescência do Partido, eram tão avançados que o retorno aos trilhos do Socialismo era impossível sem nova revolução. O proletariado já perdeu o poder. Após o aniquilamento da Oposição de Esquerda, a Burocracia exprime os interesses do regime burguês renascente. As conquistas fundamentais da Revolução de Outubro são aniquiladas. Tal era, em suas grandes linhas, a posição do grupo do *Centralismo Democrático*.

A oposição de Esquerda objetava a isso: os elementos de uma dualidade de poder sem dúvida surgiram no país, mas a passagem desta conjuntura particular embrionária para a dominação da burguesia só poderia efetuar-se por meio de uma subversão contra-revolucionária. A Burocracia já está ligada ao "nepman" e ao "kulak", porém as raízes essenciais da Burocracia se enterram na classe operária. Na luta contra a Oposição de Esquerda, a Burocracia arrasta, indubitavelmente, atrás de si uma pesada cauda: os "nepmen" e os "kulaks". Contudo, amanhã, esta cauda atingirá a cabeça, isto é, a Burocracia dirigente. Novas cisões dentro desta última são inevitáveis. Diante do perigo de uma subversão contra-revolucionária imediata, o núcleo central da Burocracia Centrista se apoiará nos operários contra a burguesia agrária nascente. O término do conflito está ainda longe de ser decidido. É muito cedo para sepultar a Revolução de Outubro. O aniquilamento da Oposição de Esquerda facilita a ascensão do Termidor. Porém, Termidor ainda não é um fato acabado.

Basta recordar, com exatidão, o *conteúdo* das discussões dos anos de 1926-27, para que a justeza da posição dos bolchevistas-leninistas apareça, à luz do desenvolvimento ulterior, em toda a sua evidência. Desde 1927, o "kulak" abala a Burocracia, negando-lhe o trigo, que conseguira concentrar em suas mãos. Em 1928, a Burocracia se divide abertamente. Os direitistas defendem novas concessões aos "kulaks". O centro arma-se com idéias da Oposição de Esquerda, que ele esmagara junto com os direitistas; ele encontra um apoio nos operários, derruba os direitistas, e se engaja na via da industrialização, a seguir, na da coletivização. Apesar de tudo, graças a inumeráveis sacrifícios supérfluos, as conquistas sociais fundamentais da Revolução de Outubro foram salvaguardadas.

O prognóstico dos bolchevistas-leninistas (ou, com mais precisão, a melhor variante de seu prognóstico) foi plenamente confirmado. Na atualidade, não pode haver discussão quanto a isso. O desenvolvimento das forças produtivas realiza-se, não pelo restabelecimento da propriedade privada, mas na base da socialização, pela via de uma direção planejada. Sozinhos, os políticos cegos podem não perceber a importância histórica mundial desse fato.

Entretanto, pode-se e deve-se reconhecer agora que a analogia com Termidor antes serviu para obscurecer do que para esclarecer a questão (...).

Termidor foi, na base social da Revolução, um ato da Reação (...). Na Revolução Soviética também já se produziu, desde há muito tempo, um deslocamento do poder à direita, totalmente análogo a Termidor, embora em ritmos mais lentos e sob formas mais disfarçadas (...). O regime político atual dos Sovietes lembra, de modo extraordinário, o Consulado, melhor, o final do Consulado, quando ele se aproximava do Império.

(L. TROTSKI: "O Estado Operário, Termidor e Bonapartismo", *Boletim da Oposição*, n.º 46.)

Documento 7:

A FRENTE POPULAR

A "Frente Popular" é uma coalizão do proletariado com a burguesia imperialista, na figura do Partido Radical e de uma série de fragmentos da mesma espécie e de menor envergadura. A coalizão estende-se ao domínio parlamentar. Nos dois domínios, o Partido Radical, que conserva sua inteira liberdade de ação, restringe brutalmente a liberdade de ação do proletariado.

O próprio Partido Radical encontra-se às voltas com um processo de decomposição: cada nova eleição mostra que os eleitores o abandonam pela Direita e pela Esquerda, enquanto os Partidos Socialista e Comunista, na ausência de um verdadeiro Partido revolucionário, se reforçam. A tendência geral das massas trabalhadoras, inclusive das massas pequeno-burguesas, é completamente manifesta: *rumo à esquerda*. A orientação dos líderes dos Partidos operários não é menos evidente: *rumo à direita*.

("Frente Popular e Comitês de Ação", 26 nov. 1935, *A Verdade*.)

A Frente Popular, dizem-nos, não sem indignação, não é absolutamente um cartel, mas um movimento de massa. Com certeza, as definições pomposas não faltam, porém elas não mudam em nada as coisas. O objetivo do Cartel sempre foi de *frear* o movimento de massa, orientando-a para a colaboração de classes. A Frente Popular tem exatamente o mesmo objetivo. A diferença entre ambos – e ela é grande – é que o Cartel tradicional foi aplicado nas épocas de estabilidade e de calma do regime parlamentar. Hoje, porém, que as massas estão impacientes e prestes a explodir, um freio mais sólido, com a participação dos "comunistas", tornou-se indispensável. Os comícios em conjunto, os cortejos espetaculares, as promessas, a união da bandeira da Comuna com a bandeira de Versalhes, a algazarra, a demagogia, tudo isso não possui senão um objetivo: conter e desmoralizar o movimento das massas.

Para justificar-se perante as Direitas, Sarraut declarou à Câmara que suas concessões inofensivas à Frente Popular não constituem nada mais do que a *válvula de segurança* do regime. Esta franqueza teria podido parecer imprudente, mas a Extrema-Esquerda a cobriu de aplausos. Sarraut não tinha, portanto, nenhuma razão para se constranger. De qualquer modo, ele conseguiu dar, sem desejá-lo talvez, uma definição da Frente Popular: uma válvula de segurança contra o movimento de massas.

("A França num momento decisivo", 28 mar. 1936, *A Verdade*.)

Documento 8:

A AGONIA DO CAPITALISMO E AS TAREFAS DA IV INTERNACIONAL

As Premissas Objetivas da Revolução Socialista

A situação política mundial em seu conjunto caracteriza-se, antes de tudo, pela crise histórica da Direção do proletariado.

A premissa econômica da Revolução Proletária chegou, desde há muito tempo, ao ponto mais elevado que possa ser atingido, sob o Capitalismo. As forças produtivas da Humanidade pararam de crescer. As novas invenções e os novos progressos técnicos não conduzem mais ao aumento da riqueza material. As crises conjunturais, nas condições da crise social de todo o sistema capitalista, trazem privações e sofrimentos sempre maiores às massas.

O crescimento do desemprego aprofunda, por sua vez, as crises financeiras do Estado e solapa os sistemas monetários abalados. Os governos, tanto democráticos quanto fascistas, caminham de bancarrota em bancarrota (...).

As tagarelices de todas as espécies, segundo as quais as condições históricas não estariam ainda "maduras" para o Socialismo, são apenas o produto da ignorância ou de um engano consciente. As premissas objetivas da Revolução Proletária não estão só maduras; elas começaram mesmo a apodrecer. Sem Revolução Socialista, e isto no próximo período histórico, toda a civilização humana está ameaçada de ser dominada por uma catástrofe. Tudo depende do proletariado, ou seja, da liderança de sua vanguarda revolucionária. A crise histórica da Humanidade reduz-se à crise da direção revolucionária.

O Proletariado e sua Direção

A economia, o Estado, a política da burguesia e

suas relações internacionais, são profundamente atingidos pela crise social, que caracteriza a situação pré-revolucionária da sociedade. O principal obstáculo na via da transformação da situação pré-revolucionária em situação revolucionária é o caráter oportunista da Direção do proletariado, sua covardia pequeno-burguesa diante da grande burguesia, as ligações desleais que ela mantém com esta última, mesmo em sua agonia.

Em todos os países, o proletariado é surpreendido por uma profunda angústia. Muitos milhões de homens tomam sempre, de novo, o caminho da revolução. Cada vez, porém, eles se chocam com seus próprios aparelhos burocráticos conservadores.

A passagem definitiva da Internacional Comunista para a ordem burguesa, seu papel cinicamente contra-revolucionário no mundo inteiro, em particular na Espanha, na França, nos Estados Unidos e nos outros países "democráticos", criaram extraordinárias dificuldades suplementares ao proletariado mundial. Sob o signo da Revolução de Outubro, a política conciliadora das "Frentes Populares" vota a classe operária à impotência e abre o caminho para o Fascismo.

De um lado, as "Frentes Populares" e, de outro, o Fascismo, são os últimos recursos políticos do Imperialismo na luta contra a Revolução Proletária. Do ponto de vista histórico, entretanto, estes dois recursos são apenas ficções. A putrefação do Capitalismo continua, tanto sob o signo do barrete frígio na França, quanto sob o signo da suástica na Alemanha. Só a queda da burguesia pode abrir uma saída.

A orientação das massas é determinada, de um lado, pelas condições objetivas do Capitalismo em degenerescência; de outro, pela política de traição das velhas organizações operárias. Destes dois fatores, o fator decisivo é, com certeza, o primeiro: as leis da História são mais poderosas do que os aparelhos burocráticos. Seja qual for a diversidade dos métodos dos social-traidores – da legislação "social" de Léon Blum às falsificações judiciárias de Stalin –, eles jamais conseguirão quebrar a vontade revolucionária do proletariado. Cada vez mais, seus esforços desesperados para deter a roda da

História demonstrarão às massas que a crise da Direção do proletariado, que se tornou a crise da civilização humana, só pode ser resolvida pela IV Internacional.

A URSS e as Tarefas da Época de Transição

A União Soviética saiu da Revolução de Outubro como um Estado Operário. A estatização dos meios de produção, condição necessária do desenvolvimento socialista, abriu a possibilidade de um crescimento rápido das forças produtivas. Contudo, o Aparelho do Estado Operário sofreu, entrementes, uma degenerescência completa, transformando-se de instrumento da classe operária em instrumento de violência burocrática contra a classe operária e, cada vez mais, em instrumento de sabotagem da economia. A burocratização de um Estado Operário atrasado e isolado, e a transformação da Burocracia em casta privilegiada todo-poderosa são a refutação mais convincente – não só teórica, mas prática – da teoria do Socialismo num só país.

Dessa forma, o regime da URSS encerra em si contradições ameaçadoras. Porém, ele continua a permanecer um regime de Estado Operário degenerado. Este é o diagnóstico social.

O prognóstico político tem um caráter alternativo: ou a Burocracia, *tornando-se cada vez mais o órgão da burguesia mundial no Estado Operário*, derrubará as novas formas de propriedade e relançará o país no Capitalismo; ou a classe operária aniquilará a Burocracia e abrirá uma saída rumo ao Socialismo.

Documento 9:

L. TROTSKI: STALINISMO OU BOLCHEVISMO

É verdade que o Stalinismo representa o produto legítimo do Bolchevismo? (...)

O erro desse raciocínio começa com a identificação tácita do Bolchevismo, da Revolução de Outubro e da

União Soviética. O processo histórico, que consiste na luta das forças hostis, é substituído pela evolução do Bolchevismo no vazio. No entanto, o Bolchevismo é apenas uma corrente política, com certeza estreitamente ligada à classe operária, mas não idêntica a ela. E, além da classe operária, há na URSS mais de cem milhões de camponeses, de nacionalidades diversas, uma herança de opressão, de miséria e de ignorância.

O Estado criado pelos bolcheviques reflete não apenas o pensamento e a vontade dos bolcheviques, mas também o nível cultural do país, a composição social da população, a pressão do passado bárbaro e do imperialismo mundial, não menos bárbaro. Representar o processo de degenerescência do Estado Soviético como a evolução do Bolchevismo puro, é ignorar a realidade social em nome de um só de seus elementos isolado de maneira puramente lógica. Na verdade, basta designar esse erro elementar por seu nome, para que dele não permaneça vestígio.

O próprio Bolchevismo, apesar de tudo, jamais se identificou, nem com a Revolução de Outubro, nem com o Estado Soviético que dela nasceu. O Bolchevismo se considerava como um dos fatores da História, seu fator "consciente", fator muito importante, mas de modo algum decisivo. Nós vemos o fator decisivo – na base dada das forças produtivas – na luta de classes, e não apenas em escala nacional, como também internacional.

A conquista do poder, por mais importante que seja em si mesma, não faz, de maneira nenhuma, do Partido o Senhor Todo-Poderoso do processo histórico. Certamente, após ter-se apoderado do Estado, o Partido recebe a possibilidade de agir com uma força sem precedente no desenvolvimento da sociedade; mas, em compensação, ele se submete a uma ação decuplicada por parte de todos os outros membros dessa sociedade. Ele pode ser repelido do poder pelos golpes diretos das forças hostis. Com os ritmos mais lentos da evolução, ele pode, mantendo-se no poder, degenerar internamente. É precisamente esta dialética do processo histórico que os raciocinadores sectários, que tentam encontrar na putrefação da burocracia stalinista um argumento definitivo contra o Bolchevismo, não compreendem. Na realidade, estes Senhores dizem o seguinte: mau é o Partido Revolucionário, que não encerra em si mesmo garantias contra sua degenerescência. Diante de semelhante critério, o Bolchevismo está evidentemente condenado; ele não possui nenhum talismã. Porém, esse mesmo critério é falso (...).

Sem dúvida, o Stalinismo nasceu do Bolchevismo, mas dele nasceu de uma forma não lógica, porém dialética; não como sua afirmação revolucionária, mas como sua negação termidoriana. Isto não é absolutamente uma só e mesma coisa.

A História não é feita por alguns homens, seriam eles os "melhores dos melhores"; e, além disso, esses "melhores" podem degenerar no sentido de uma civilização "estrangeira", ou seja, burguesa. Não apenas o Estado Soviético pode sair do caminho socialista, mas o Partido Bolchevista também pode, em condições históricas desfavoráveis, perder seu bolchevismo.

É da clara compreensão desse perigo que a Oposição de Esquerda nasceu, definitivamente formada em 1923. Registrando dia a dia sintomas de degenerescência, ela se esforçou em opor ao termidor ameaçante a vontade consciente da vanguarda proletária. Entretanto, este fator subjetivo foi insuficiente. As "massas gigantescas" que, segundo Lenin, decidem o fim da luta, estavam exaustas pelas privações em seu país e por uma espera muito longa da Revolução Mundial. As massas perderam a coragem. A Burocracia beneficiou-se com isso. Ela dominou a vanguarda proletária, espezinhou o Marxismo, e aviltou o Partido Bolchevista. O Stalinismo foi vitorioso. Sob a forma da Oposição de Esquerda, o Bolchevismo rompeu com a Burocracia soviética e sua Komintern (Internacional Comunista). Esta foi a verdadeira marcha da evolução.

Certamente, no sentido formal, o Stalinismo nasceu do Bolchevismo. Hoje ainda, a Burocracia de Moscou continua a se denominar Partido Bolchevista. Simplesmente ela utiliza o velho rótulo do Bolchevismo para melhor enganar as massas. Tanto mais lastimáveis são os teóricos, que tomam a casca pelo caroço, a aparência pela realidade. Identificando Stalinismo e Bolchevismo, eles prestam o melhor serviço aos termidorianos e, por esse meio, desempenham um papel manifestamente reacionário.

Com a eliminação de todos os outros partidos do cenário político, os interesses e as tendências contraditórias das diversas camadas da população deviam, neste ou naquele grau, encontrar sua expressão no Partido dirigente. À medida que o centro de gravidade política se deslocava da vanguarda proletária para a Burocracia, o Partido se modificava, tanto por sua composição social, quanto por sua ideologia. Graças à marcha impetuosa da evolução, ele sofreu, no curso dos quinze últimos anos, uma degenerescência bem mais radical do que a Social-Democracia durante meio século. O expurgo atual assinala, entre o Bolchevismo e o Stalinismo, não um simples traço de sangue, mas todo um rio de sangue. O extermínio de toda a velha geração dos bolchevistas, de uma parcela importante da geração intermediária, que participara da Guerra Civil, e também da parcela da juventude, que retomara com mais seriedade as tradições bolchevistas, demonstra a incompatibilidade, não apenas política, como também diretamente física entre o Stalinismo e o Bolchevismo.

(Fonte: *A Verdade*, n.º 539, pp. 37-40.)

Documento 10:

PIETRO TRESSO (BLASCO): STALINISMO E FASCISMO

Doravante, é clara a significação real da Frente Popular, seguida pelos stalinistas na França, na Espanha e em outros países. A luta contra o Fascismo não foi e ainda não é senão um pretexto. O objetivo real dessa política é outro e consiste na tentativa de encontrar novos aliados para a Burocracia soviética; pouco importa se esses aliados são "democratas" ou reacionários inveterados ou fascistas. Com efeito, a linha de demarcação estabelecida pelos stalinistas entre "amigos" e "inimigos" não é, de forma alguma, a dos fascistas e dos antifascistas. Esta demarcação baseia-se menos ainda em critérios de classe. Não, os "amigos" são aqueles que aceitam – no sentido mais amplo da palavra – a política do governo de Moscou; os "inimigos" são os que não a aceitam. Os primeiros são tratados com consideração como os "amigos da paz", homens "probos", "honestos", e toda a pompa, mesmo que sejam reacionários ou fascistas; os segundos são qualificados de "bandidos", de "espiões" e de "fascistas", mesmo que, por todos os atos de sua vida e, às vezes, por sua própria morte – se tenham mostrado os inimigos mais ferrenhos do Fascismo (...).

Os stalinistas italianos são homens de grandes recursos. Eis por que eles descobriram, em um instante, os *"interesses honestos"* da Itália (imperialista e fascista) na Europa Central e nos Bálcãs. "Nosso governo" – ou seja, o governo cujo chefe é Mussolini –, escreviam em sua imprensa os burocratas stalinistas, em vez de fazer a guerra aos abissínios, em vez de buscar aventuras no Mediterrâneo, deve organizar e *"defender os interesses justos e honestos da Itália* (sic) *na Europa Central e nos Bálcãs. Ao fazer isto, ele trabalhará para a paz, para a Civilização, para a Honra de nosso país bem-amado: a Itália".*

Como vemos, o plano oferecido pelos stalinistas italianos – e oferecem – ao imperialismo fascista italiano é completo. De fato, é verdade a barreira para a África e para o Mediterrâneo, porém, apenas para oferecer de imediato – mas só no papel – uma compensação infinitamente mais "vantajosa" além do Adriático; pois é muito necessário que o imperialismo italiano encontre o que beliscar em algum lugar.

Apenas, "nosso governo" – o governo fascista cujo chefe é Mussolini – não é inteiramente da mesma opinião que os stalinistas. Ele pensa que, no momento atual, a expansão para a África e para o Mediterrâneo comporta, em suma, menos riscos do que a "defesa" dos interesses "honestos" indicados por seus ousados colaboradores. É possível que ele se engane e – nós o desejamos com todas as nossas forças – que acabe por cair. Todavia, o que importa é que os stalinistas, com seu plano, anularam toda divergência de princípio entre eles e o Fascismo quanto à expansão imperialista do Capitalismo italiano. O plano stalinista não visa mais abater o imperialismo italiano, mas se esforça em oferecer-lhe os melhores meios para sair do impasse. A "luta" entre stalinistas e Mussolini empenha-se, doravante, em saber qual dos dois será o criado mais perspicaz do imperialismo italiano. Por causa dos stalinistas, o proletariado e as massas trabalhadoras da Itália não são mais chamadas a escolher entre a sua escravidão, sob o jugo imperialista, e a sua libertação, como a dos outros povos, mas entre duas direções diferentes da política imperialista: expansão para o sudeste, ou expansão para o nordeste.

É preciso arrancar a Itália (fascista) de seus amores com Hitler, e levá-la a combater pela "democracia". Para isso, "nossos irmãos de camisa preta*" poderão dar-nos o maior apoio. O inimigo não é mais o Fascismo, é o Hitlerismo. Basta, portanto, de antifascismo. Não há mais, na Itália, nem fascistas, nem antifascistas, assim como não havia desde há muito tempo, nos "papéis" stalinistas, nem proletários, nem burgueses, nem camponeses pobres, nem camponeses ricos, nem explorados, nem exploradores. Na Itália, não há mais senão *italianos e antiitalianos*. Porém, estes últimos escondem-se, tanto alhures, como entre os fascistas. Senhores, nós liquidamos. Liquidamos os "Comitês proletários antifascistas"; liquidamos a "demagogia antifascista"; liquidamos a palavra "antifascista". Os infelizes militantes de base, que não sabem o que se passa e que continuam a se declarar antifascistas, fazem-se de rogados; e, se não compreendem, são logo denunciados como antiitalianos, agentes de Hitler, espiões da Gestapo etc., "*Todos os italianos são irmãos*", proclamam os stalinistas, salvo os "trotskistas", que querem a luta contra os "irmãos de camisa preta", que fazem o jogo de Hitler, de quem são os agentes.

E, para que isso fosse bem limpo e claro, a impren-

---

* "Camisas pretas": denominação das "milícias fascistas italianas". (N. da T.)

sa stalinista publicava uma declaração oficial do Partido, na qual os stalinistas declaravam-se prontos a caminhar "de mãos dadas com todos os fascistas, *qualquer que fosse o grau que eles ocupassem na hierarquia do Partido e do Estado*". O convite ao "irmão de camisa preta", Mussolini, não podia ser mais nítido. E toda essa orgia, todo esse abuso de fraternização stalinista com os fascistas, inclusive Mussolini, ocorreu no fim e após a Guerra da Abissínia, quando as conseqüências desastrosas desta mais se faziam sentir e quando ainda era possível erguer as massas contra o regime. Ainda uma vez, os stalinistas servirão "honrosamente" os seus irmãos fascistas (...).

A luta de morte contra os "trotskistas" é o complemento necessário da política de fraternização com os fascistas e com as camadas e os clãs da burguesia italiana, conduzida pelos stalinistas.

(Blasco, *IV Internacional*, nº 11, ago. 1938.)

Documento 11:

A DEFESA DAS LIBERDADES E OS ACORDOS DE HELSINQUE

A despeito da abolição da propriedade privada dos meios de produção, e como resultado das vagas da Revolução Mundial traída e derrotada, na URSS, uma casta privilegiada – a Burocracia – edificou contra as massas populares um monstruoso regime policial. O sistema burocrático, voluntariamente, jamais consentirá em tomar as medidas, que permitirão às massas soviéticas retomar o controle das conquistas sociais obtidas pela Revolução de Outubro.

O sistema burocrático só tem por objetivo perpetuar todos os privilégios da casta do Kremlin.

O que nos ensina a História?

No plano da defesa – contra a Revolução –, privilégios de classe nos países dominados pelo Imperialismo e privilégios de casta na URSS e nos países do Leste, há acordo completo entre as Burguesias e a Burocracia do

Kremlin. Desde 1934 e o ingresso da URSS na Sociedade das Nações, esses acordos contra-revolucionários foram materializados, por múltiplos pactos, tratados prescrevendo a "paz", o "desarmamento negociado e controlado", e outras futilidades, que não impediram, nem as guerras imperialistas, nem as guerras revolucionárias. Em Yalta, em Potsdam, na ONU e, há pouco tempo, quando da assinatura da Ata Final da Conferência sobre a Segurança e a Cooperação na Europa, em Helsinque, no dia 1 de agosto de 1975, as Burguesias e a Burocracia selaram Acordos solenes, cuja significação é claramente estabelecida por estas linhas:

"Os Estados participantes respeitam a igualdade dos direitos dos povos e seu direito de decidir por si mesmos... Em virtude (desses princípios), todos os povos têm sempre o direito, com toda a liberdade, de determinar quando e como eles desejam o seu estatuto político interno e externo sem ingerência interna."

A Ata Final mal-assinalava que a Síria, armada de materiais fornecidos pela Burocracia do Kremlin, e as milícias "cristãs" armadas de materiais norte-americanos e franceses, informavam aos povos palestinos e libaneses o que era preciso entender por "liberdade de determinar o seu estatuto político interno e externo sem ingerência interna".

Quanto ao desarmamento, Carter acaba de fazer aprovar, pelo Congresso dos Estados Unidos, um orçamento militar de 111,9 bilhões de dólares para as despesas, e de 120,1 bilhões no que concerne aos pedidos de créditos, orçamento cujo montante em cifras absolutas jamais atingiu este nível no passado.

A verdade é sempre concreta: vemos por aí quanto é fácil para Carter reconher que Socialismo e Liberdade são inconciliáveis, o que lhe confere uma aparência de homem de Estado liberal, "progressista" e pacífico!

Dezenas de anos de regime policial instaurado pelo Stalinismo, impondo uma ruptura das relações entre o movimento operário internacional e a classe operária soviética, contribuíram para deformar a luta política, mas não a aboliram. Hoje, na URSS, oposicionistas de todas as tendências buscam promover a luta pelas liberdades, por meio da defesa da Ata de Helsinque. Sem partilhar dos pontos de vista desses oposicionistas, essas posições, respostas ao arbitrário policial da Burocracia, são compreensíveis. Por seu lado, a OCI (Organização Comunista Internacionalista) conduziu, sem condição nem preliminar, os mais ativos combates unitários para a libertação dos presos políticos, para o apoio da luta pelas liberdades democráticas. Nós estávamos, há alguns anos, parcialmente isolados. Desde então, os artigos e discursos ditados por um ódio cego das Oposições parecem ceder cada vez mais a posições simpáticas, se não de admiração.

Não podemos senão felicitar-nos por isso. É preferível ver os Kanapa e Cogniot pedirem a libertação dos presos políticos do que ler os inúmeros discursos e artigos em que, berrando imensamente, eles apelavam para a repressão impiedosa daqueles que Stalin e a Burocracia votavam ao extermínio. Ocorre que o Acordo comum das Burocracias e das Burguesias sobre a "distensão e a coexistência pacífica", consagrado uma vez mais em Helsinque, é uma mistificação contra-revolucionária buscando perverter a consciência de classe. Defesa incondicional de todas as liberdades, sim, mas defesa de todos aqueles para quem a luta pela liberdade não consista em substituir a casta burocrática pelo imperialismo!

Defesa dos trabalhadores em luta pela liberdade de combater e de se unirem contra o retorno à propriedade privada dos meios de produção, pela liberdade de acabar com o arbitrário, e pela liberdade de impor, com o retorno à Democracia soviética, o restabelecimento do direito de crítica! Defesa das liberdades, a começar pela liberdade de se organizar em Sindicatos independentes do Estado e a liberdade de reconstruir os Conselhos Operários!

É por essa liberdade que o proletariado polonês, defensor de todas as liberdades, combateu, em 1971 e em 1976, após as classes operárias tcheco-eslovaca e húngara, e antes da classe operária soviética.

Essa liberdade é aquela que compreende que os destinos da liberdade na URSS e nos países do Leste estão ligados aos das massas populares da Europa e do mundo em marcha para a Revolução Proletária. Buscar apoio em Carter e no "Ocidente", para defender as liberdades, é abrir o caminho para a restauração capitalista na URSS e, por esse meio, se tornarem os joguetes dos inimigos mais mortais da liberdade.

(Editorial de *Informações Operárias*, nº 791, 2 mar. 1977.)

Documento 12:

A REVOLUÇÃO MUNDIAL OU O ANIQUILAMENTO

Em nenhuma outra época da História, a sociedade humana apresentou contrastes tão agudos, contradições tão insustentáveis, quanto hoje (...).

O homem arranca da natureza, um após o outro, os seus segredos; ele descobre as suas leis para melhor governá-la.

Ele devorou os frutos da árvore da Ciência, e por isso tornou-se incomparavelmente mais poderoso do que qualquer um dos deuses que, apavorado por seus próprios poderes, imaginou. Os escravos mecânicos criados por seu gênio estão aí, prontos para libertá-lo, para todo o sempre, da dura necessidade de "ganhar seu pão com o suor de sua fronte", o trabalho forçado cedendo o lugar para a livre atividade criadora; as mil fontes da abundância exigem nada mais do que jorrar de toda parte, para satisfazer sem limites as necessidades dos quatro bilhões de homens que o planeta apresenta, produz, e, se fosse preciso, de dez vezes mais.

Todavia, quatro homens em cinco, cidadãos de países ditos atrasados, jamais chegam, durante a sua vida, ao mínimo vital biológico das 2.000 calorias por dia; a fome incessante, que os consome, condena-os a viver apenas uma vida subdesenvolvida e mais curta. Uma miséria generalizada ameaça abater-se, bem antes do fim do século XX, sobre dois terços do globo. No entanto, na América do Norte e na Europa Ocidental, a produtividade da agricultura, da criação de animais domésticos e da pesca, dobrou bem mais que desde há vinte anos; e os governos não sabem o que fazer para reduzir a produção, condenar legumes, frutas e cereais até apodrecer, tornar incultas as terras cultivadas (...)

Já há vinte anos, o fundador da Cibernética demonstrava que, com os meios técnicos existentes, a cadeia de produção podia, "em menos de cinco anos, ser substituída por um sistema automático em toda a grande indústria". O capital financeiro freou desesperadamente este progresso. Porém, "o transtorno contínuo da produção, o abalo ininterrupto de todas as condições sociais, a insegurança e a agitação que distinguem a época burguesa de todas as épocas anteriores", as leis inelutáveis da concorrência no mercado mundial, obrigam, hoje, os senhores capitalistas da economia a introduzir a automação numa escala rapidamente crescente. Esta metamorfose explosiva da técnica permitiria, de imediato, reduzir de maneira maciça os horários de trabalho, melhorando de forma decisiva as condições de existência dos trabalhadores. Ora, no quadro do regime do lucro, "o aperfeiçoamento incessante, e sempre mais rápido, do maquinismo torna toda a condição do operário cada vez mais precária", pois o regime capitalista não conhece senão as necessidades solvíveis; pois ele não funciona para satisfazer as necessidades da imensa maioria, mas para aumentar os lucros da ínfima minoria de possuidores. Eis por que a automação ameaça mergulhar os países altamente industrializados numa crise social sem precedentes, de que a desqualificação e o desemprego maciço são os sinais mais visíveis. Ela destina, desde agora, a juventude e, com ela, toda a classe operária, à decadência profissional e à falta de cultura.

Na França, já, a burguesia, a fim de tentar resistir à concorrência no mercado mundial, empreende fazer pagar aos trabalhadores a racionalização de seu aparelho de produção; ela os ameaça na sua saúde e na sua própria vida, no seu direito aos cuidados e aos medicamentos. Já, no paraíso do capital, nos Estados Unidos, um quarto da população, homens, mulheres e crianças, cidadãos da "outra América", são definitivamente rejeitados pela "sociedade da abundância"; eles lá não encontrarão nunca mais o seu lugar; levam uma vida precária, não tendo, para subsistir, a não ser os abonos que lhes deposita o Estado Capitalista, que teme a sua revolta (...). É apenas por um aumento desmedido da indústria de armamentos – das forças destrutivas – que a burguesia consegue impedir as forças produtivas de fazer explodir a compressão da propriedade privada dos meios de produção e de troca, e das fronteiras do Estado Nacional, que paralisa seu crescimento. Perto de mil bilhões de francos pesados são consumidos, cada ano, pela produção de guerra – mil vezes mais que a luta contra o câncer absorve dela. A quase totalidade da pesquisa científica é consagrada a ela (...).

No entanto, o exército da Revolução Socialista – as massas exploradas e oprimidas – não pára de travar batalha, num ou noutro ponto da superfície do globo, contra o capital e os seus agentes. Num terço do planeta, ele abateu o Capitalismo. Na própria França, no curso do último período histórico, os operários, por três vezes, em 1936, em 1944, e em 1953, mobilizaram-se classe contra classe e iniciaram a luta pelo poder. Em 1963 ainda, os mineiros tentaram arrastar a classe operária inteira na ação unida e geral, de que os trabalhadores não cessam, a cada nova ocasião, de procurar o caminho. Nos Estados Unidos, as insurreições negras, que, em muitos casos, levam em suas fileiras trabalhadores pertencentes a outras minorias e mesmo brancos, não são senão os combates de vanguarda de uma gigantesca guerra de classe. No Vietnã, o heroísmo dos operários e dos camponeses obriga Wall Street a investir em forças sempre novas, fazendo amadurecer nos Estados Unidos uma crise social e política. Na China, os trabalhadores, com a juventude reunida nas Guardas Vermelhas, mobilizam-se em massa contra a ameaça de uma restauração capitalista.

Não faltam a essas massas inumeráveis, para vencer, senão as armas de que dispuseram, há cinqüenta anos, os operários e os camponeses russos: um Programa e um Partido.

Fonte: *A Verdade*, nº 541, abril 1968, pp. 1-4.)

O JULGAMENTO DOS CONTEMPORÂNEOS

Jamais duvidei da justeza do caminho que o Senhor indicou e o Senhor sabe que, durante mais de vinte anos, marchei a seu lado, desde a "Revolução Permanente". Contudo, sempre pensei que lhe faltava a inflexibilidade, a intransigência de Lenin, sua resolução de, em caso de necessidade, permanecer só, no caminho que ele julgara certo na previsão da maioria futura, do momento em que todos reconheceriam a justeza do caminho que ele escolhera. *Politicamente*, o Senhor sempre teve razão, a começar de 1905 e eu, muitas vezes, lhe declarei ter ouvido, com meus próprios ouvidos, Lenin reconhecer que, em 1905, *não foi ele, mas o Senhor quem teve razão.*

(Abraham Ioffé, "Carta a Trotski, antes de seu suicídio", 16-6-1927. In: *Correspondência Internacional*, jun. 1927.)

Pode-se considerar como uma reminiscência do Trotskismo os desvios de "esquerda", que vieram à luz na política de coletivização. Os camaradas e mesmo as organizações acreditavam realizar a coletivização com golpes de ordens e sem fazer apelo à adesão voluntária dos camponeses, sem se preocuparem em lhes fornecer a base material ou técnica indispensável.

(Maurice Thorez, "O XVI Congresso do Partido Bolchevique". In: *Cadernos do Bolchevismo*, nº 8, ago. 1930.)

Das teses particulares de Trotski, nada resistiu à prova do tempo, sobretuto a noção eloqüente e abstrata da Revolução Permanente.

(Boris Suvarin, *Stalin*, 1935, p. 614.)

Os espiões trotskistas e os elementos contra-revolucionários infiltraram-se no Partido, utilizando as lutas internas do Partido para sabotá-lo. Sob a bandeira do Partido, elementos trotskistas traidores atacam, muitas vezes, deliberadamente alguns camaradas e, após esta agressão, outros elementos trotskistas traidores absorvem os camaradas, que foram dessa forma atacados como traidores no grupo trotskista...

(Liu Chao-Shi, "Sobre as lutas internas do Partido", 2 jul. 1941. In: Brandt-Schwartz-Fairbark, *A Documentary History of Chinese Communism*, p. 368.)

Trotski construiu arbitrariamente um antagonismo insolúvel entre os interesses camponeses e os interesses operários. Porém, este primeiro erro teve, como conseqüência inevitável, a negação da possibilidade de construir o Socialismo num só país, e esta negação tornou-se, por sua vez, o verdadeiro sinal de adesão da contra-revolução. Ela devia fornecer a plataforma sobre a qual alguns intelectuais e elementos operários deviam se agrupar contra a URSS.

(G. Lukacs, *Existencialismo ou Marxismo*, jul. 1947, p. 224.)

Em resumo, o que foram os processos de Moscou senão a revelação da própria essência do Trotskismo, da traição em relação à Revolução, uma traição que vai até à espionagem?

(G. Lukacs, *Existencialismo ou Marxismo*, jul. 1947, p. 230.)

Eu sei desde o discurso de Krutchev, em 1956, que os grandes processos do ano de 1938 eram inúteis.

(G. Lukacs, Nota para a 2ª edição de *Existencialismo ou Marxismo*, abr. 1960, p. 7.)

Se o sangue francês e o sangue alemão deviam correr, não teria de pagar senão este imposto do sangue, por mais pesado que fosse; as devastações de uma guerra certamente longa acarretariam um cortejo de misérias atrozes. Se eu julgava efetivamente, assinalei, que seríamos vitoriosos, tinha também o temor de que, no fim de uma guerra, só houvesse um vencedor real, o Senhor Trotski. Interrompendo-me, o Chanceler (Hitler) exclamou: Por que, então, ter autorizado a Polônia a agir a seu modo?

(Coulondre, Embaixador da França, a Hitler, em 25 de agosto de 1939, *Le livre jaune français* (O livro amarelo francês), 1939, p. 314.)

Para que a União Soviética e todo o movimento operário internacional não sucumbam definitivamente sob os golpes da contra-revolução aberta e do Fascismo, o movimento operário deve livrar-se de seus Stalin e do Stalinismo. Esta mistura do pior dos oportunismos – um oportunismo sem princípios –, de sangue e de mentiras, ameaça envenenar o mundo inteiro e aniquilar os restos do movimento operário.

(...) Eu não agüento mais. Retomo a minha liberdade. Volto a Lenin, a seu ensinamento e à sua ação.

Penso dedicar as minhas modestas forças à causa de Lenin: desejo combater, pois apenas a nossa vitória – a vitória da Revolução Proletária – libertará a Humanidade do Capitalismo e a União Soviética do Stalinismo!

Adiante, para novos combates pelo Socialismo e pela Revolução Proletária! Para a construção da IV Internacional!

(Ludwig, no dia 17 de julho de 1937, *Ignace Reiss*.)

Na Inglaterra, os trotskistas recrutam, em seus grupos, jovens de 15 a 16 anos, explorando o seu entusiasmo revolucionário e o seu desconhecimento da luta conduzida por Lenin e nosso Partido contra o Trotskismo nos anos de 1920. Ao enganar a juventude com a promessa de que a Revolução se cumprirá, um dia, na Inglaterra, os trotskistas utilizam uma fração inexperiente da juventude em seus objetivos estreitamente sectários e divisionistas para lutar contra a vanguarda da classe operária: os Partidos Comunistas. A crítica da plataforma econômica dos trotskistas possui um valor atual (...) como Trotski, os trotskistas pedem para "suscitar" a Revolução por meio da guerra.

(Makarov, *A Crítica do Trotskismo nos problemas da construção do Socialismo na URSS*, 1965, pp. 3-4.)

É preciso sublinhar que a luta contra a forma incorreta como os trotskistas abordam as perspectivas da Revolução é atual hoje (*sic!*). De fato, numerosos países do mundo contemporâneo encontram-se, por ordem de suas condições econômicas e políticas, numa situação análoga àquela que se constituíra na Rússia às vésperas de 1917. Eis por que é muito importante, para o proletariado e seus partidos, estudar a necessidade objetiva de resolver as tarefas nacionais-democráticas no caminho para a Revolução Socialista.

(*Id.*, p. 32.)

PROBLEMAS E QUERELAS DE INTERPRETAÇÃO

1. Trotski, o Trotskismo, Lenin e o Bolchevismo de 1904 a 1917

Desde a luta entre a Oposição de Esquerda e Direção em 1923, os adversários de Trotski aplicaram-se em definir uma continuidade entre a luta política de Trotski nessa época e o "Trotskismo" de 1904 a 1917. Logo, o confronto entre Lenin e Trotski, durante esses treze anos, anunciava o confronto entre "Trotskismo" e "Leninismo" a partir de 1923, que não era senão a retomada e a ampliação das divergências anteriores. Isso permitia transpor, sem problema, as polêmicas de Lenin contra Trotski para o presente, sustentando que elas encobriam o mesmo assunto. O tema se esboça no discurso, de 15 de dezembro de 1923, de Zinoviev (In: *O Partido Bolchevique permanecerá bolchevique*, pp. 24-52), que fala, no entanto, ainda do "antigo trotskismo". Ele se organiza, desde a publicação dos três discursos de Zinoviev, Kamenev e Stalin, sob os títulos – sucessivamente – "Bolchevismo ou Trotskismo", "Leninismo ou Trotskismo" e "Trotskismo ou Leninismo" (In: *A Correspondência Internacional*, nº 9 e nº 11 de dezembro de 1924). Bukharin dá, a essa filiação, o seu fundamento teórico, em seu discurso de 13 de dezembro de 1924,

"Sobre a teoria da Revolução Permanente" (In: *Stalin contra Trotski*, pp. 88-112). Essa tese, incansavelmente retomada em milhares de opúsculos, de artigos, de volumes, serve de fundamento ao último volume publicado na URSS: *O Trotskismo: o inimigo do Leninismo* (Moscou, 1968) e ao volume de Léo Figuères: *Les Trotskysme, cet antiléninisme (O Trotskismo, este anti-Leninismo)* (Paris, 1969).

Trotski, amiúde, conciliou a afirmação, que colocou no rodapé da *Revolução Permanente*: "Em quase todos os casos, ao menos nos mais importantes, em que me opus a Lenin, do ponto de vista tático ou de organização, era ele quem tinha razão" (In: *Da Revolução*, p. 284). Em compensação, afirma a justeza de seu "prognóstico político", considerando, ademais, que não era isso o que o separava, na verdade, de Lenin, mas suas divergências sobre a concepção do Partido.

O ensaísta polonês Stawar, em *Livres Ensaios Marxistas* (Paris, 1963), denuncia essa explicação como falaciosa: "Trotski parece esquecer que, em política, os prognósticos dependem, para uma ampla parte, da tática (...). Ele disse que se enganara em todos os problemas de organização, que eram debatidos (na política interna da Social-Democracia), mas que tivera razão nas questões políticas. Daí a distinção entre prognósticos justos e tática má", julgada, de forma radical, como falsa e justificadora por Stawar (pp. 120-121). Arthur Rosenberg vai mais longe ainda, quando estabelece uma relação de causa a efeito entre as teses políticas de Lenin (Revolução Burguesa-Democrática na Rússia) e de Trotski (Revolução Permanente) e suas concepções de organização; a forma de organização centralizada, exigida por Lenin, não derivava em absoluto do "gosto pelo poder; ela era necessária para assegurar a união dos operários com as camadas médias da burguesia no quadro da Revolução Democrática Burguesa". Trotski "não acreditava no valor revolucionário das classes médias (...) ou os operários não têm necessidade de uma ditadura dos líderes" (*História do Bolchevismo*, pp. 120-121).

Se examinarmos com cuidado as *Obras Completas* de Lenin, percebemos que, de 1904 a 1917, salvo raras exceções, ele quase não luta mais contra as teses políticas gerais de Trotski — enquanto destrói a dos mencheviques —, mas que se encoleriza com ele cada vez que Trotski se coloca praticamente de um lado a outro em sua atividade de construção do Partido: durante todo o período da Revolução de 1905, Lenin nada diz da atividade de Trotski; até 1909, mal fala dele senão a respeito do V Congresso de POSDR e isso em termos amigáveis. Num artigo de abril de 1907 (t. XV, p. 178), distingue no POSDR unificado três correntes: "os mencheviques, os partidários de Trotski, os bolcheviques" e censura Trotski por se exaltar a respeito dos Sovietes, "desenvolvendo esquematicamente semelhantes instituições em sistema" (t. XV, p. 186). Ele afirma, no balanço desse Congresso, que Trotski se reaproximou dos bolcheviques (t. XV, p. 345).

Tudo se arruína, quando, a partir de 1909, Trotski tenta seriamente desempenhar um papel unificador além-facções no POSDR, ao defender, de ordinário, os mencheviques contra os bolcheviques, apesar de suas desavenças políticas com os primeiros. Datam dessa época (1909-1914) as biografias vingadoras curtas, os epítetos furiosos (convencido, tocador de balalaica, pretensioso, fraseador, Iuduchka Golovlev[1], etc.), as denúncias enfurecidas, a afirmação do conluio entre Trotski e os liquidacionistas... Os artigos se multiplicam, culminando a respeito do Bloco de Agosto abortado; o sarcasmo o disputa até à cólera, mas sempre acerca do problema do Partido. É, por exemplo, sobre a "desagregação do Bloco de Agosto" que Lenin escreve: "Trotski nunca teve uma "fisionomia" e ele não tem nenhuma; ele apenas tem, em seu ativo, migrações, deserções, que o fazem passar dos liberais aos marxistas e vice-versa, fragmentos de tiradas espirituosas e frases bombásticas, plagiadas de todos os lados".

Se preocupações táticas irão, às vezes, conduzi-lo a declarar que Lenin tinha razão contra ele, EM TODOS

---

1. Que remete a um orgulhoso e vão personagem de Saltykov-Chtchedrin e não a Judas, como disseram e redisseram os "historiadores" stalinistas!

OS SEUS PONTOS DE DIVERGÊNCIAS de 1904 a 1917 (cf. Declaração de dezembro de 1926 diante da Executiva da Internacional Comunista), Trotski sempre se aterá, a partir de 1929, ao breve balanço político, que delineia desse período em *Minha Vida*, onde, condenando a sua *atividade* no problema do Partido como dependendo de uma espécie de fatalismo (p. 234) social-revolucionário, ele não dedica senão algumas páginas à sua atividade no movimento operário russo de 1906 a 1914: "Meu trabalho, durante os anos da reação, consistiu, em boa parte, em comentários sobre a Revolução de 1905 e numa preparação teórica para a outra Revolução" (p. 240). Acerca do Bloco de Agosto, afirma: "Este Bloco não tinha base política" (p. 235). A única alusão feita por Lenin após Outubro, quanto às divergências anteriores a 1917, encontra-se na Nota de 24 de dezembro de 1922 destinada ao Congresso e redigida em termos bastante secos. Ao assinalar a impossibilidade de censurar Trotski por seu "não-bolchevismo" passado, talvez apenas vise à sua atitude "original" sobre a questão do Partido, pois as críticas, que ele lhe dirige ("certeza excessiva, admiração, de igual maneira excessiva, pelo lado puramente administrativo das coisas"), não visam, de forma alguma, às suas concepções políticas, diferentemente do que diz de Bukharin e do que sugere de Zinoviev e de Kamenev.

2. Lenin, a Revolução de Outubro de 1917 e a Revolução Permanente

Em sua *História da Revolução Russa*, Trotski, ao analisar a posição assumida por Lenin desde o dia seguinte à Revolução de Fevereiro, expressa pelas *Teses de Abril*, e ao compará-la à definição, que ele dá do "Trotskismo" ("a idéia de que o proletariado da Rússia pode se encontrar no poder mais cedo que o do Ocidente e que, neste caso, ele não poderia manter-se nos quadros de uma ditadura democrática, mas deveria lutar contra as primeiras medidas socialistas"), afirma: "Não é espantoso que as *Teses de Abril* de Lenin tenham sido rejeitadas como trotskistas".

Na brochura publicada pelo PCF em 1937, *Trotski et le trotskysme (Trotski e o Trotskismo)*, os editores não encontram senão dois textos de Lenin sobre a Revolução Permanente, um de março de 1909, outro de 20 de novembro de 1915, e o apresentador anônimo precisa: "Foi Stalin quem (...) deu a característica e a refutação mais completa das falsas teorias trotskistas sobre a Revolução". A esses dois textos, pode-se acrescentar a frase de Lenin na biografia polêmica, que ele fornece de Trotski, num artigo inteiramente consagrado à denúncia da política de Trotski sobre o problema do Partido: "Ora ele colabora com Martynov (economista), ora proclama a absurda teoria esquerdista da Revolução Permanente" (março de 1914). Em *Revolução Permanente* (1919), Trotski afirma que Lenin jamais leu a obra onde ele definia sua teoria, *Balanço e Perspectivas*. Com efeito, as únicas citações feitas por Lenin deste opúsculo figuram no artigo de março de 1909, dedicado a refutar um artigo de Martov, de onde elas são extraídas. O artigo de 20 de novembro de 1915 visa a um artigo de Trotski em *Nache Slovo*. É possível admitir o que Trotski afirma sobre esse ponto: "As objeções polêmicas de Lenin, raras e isoladas, contra a Revolução Permanente são fundadas quase exclusivamente no Prefácio de Parvus para minha brochura *Antes de 9 de janeiro de 1905*, na sua proclamação *Sem o Czar* que ignoro por completo e nas discussões anteriores de Lenin com Bukharin e os outros". O artigo de março de 1909 (o único onde Lenin se aplica, por momentos, em discutir esta teoria), além disso, consiste apenas em algumas observações de pormenores sobre os erros parciais, que decorrem do "erro fundamental de Trotski", assim definido por Lenin: "ele não vê o caráter burguês da Revolução (Russa) e não compreende, com nitidez, como se efetuará a passagem desta Revolução para a Revolução Socialista".

A partir de 1917, Lenin abstém-se de toda alusão à Revolução Permanente. Salvo nas *Cartas sobre a Tática* por meio dos "slogans" de Parvus: "Nada de czar, mas um governo operário" que Trotski recusa retomar, por sua conta, e de que nega ter tido conhecimento apenas na obra *Revolução Permanente*. Ora, é sobre este "slogan" que incide a crítica de Lenin, que afirma, por exemplo, na Conferência de Petrogrado, no dia 14 de abril de 1917: "O Trotskismo diz: 'Nada de czar, mas um governo operário'. É falso. A pequena burguesia existe, não se pode deixar de levar isto em consideração. Porém, ela se compõe de duas partes. A parte pobre caminha com a classe operária". Trotski afirma, em *Revolução Permanente*, que, no momento em que Parvus elaborava este "slogan" (e os comentadores da 5ª edição das *Obras* de Lenin não o atribuem mais a não ser só a Parvus, mas fazem dele o fundamento da "teoria trotskista da Revolução Permanente"), ele escrevia um panfleto intitulado: "Nem czar, nem '*zemtsy*'*, mas o povo!".

A historiografia stalinista, que sempre atribui a Trotski o "slogan" de Parvus, nega, é natural, toda reaproximação de Lenin em direção à teoria da Revolução Permanente, a partir de 1917, já que ela faz de Lenin o pai do "Socialismo num só país".

Os outros historiadores admitem com mais freqüência a tese de Trotski. V.-R. Daniels, ao comentar as *Teses de Abril*, escreve que "Lenin nelas aceita tacitamente a teoria da Revolução Permanente" (*The Conscience of the Revolution*, p. 43) (*A Consciência da Revolução*). Fórmula retomada por P. Broué em *Le Parti bolchevik*, p. 83 (*O Partido Bolchevique*), por M. Liebmen em *La Révolution russe* p. 146 (*A Revolução Russa*) e por L. Schapiro em *The Comunist Party of the Soviet Union*, pp. 163-164, 169 (*O Partido Comunista da União Soviética*). H. Schurer lhe dá a forma mais extrema na sua análise da Revolução Permanente, que ele considera, por outro lado, como um sonho ultrapassado: "Lenin, que, até então, jamais tivera o tempo de se ocupar desta teoria, nem se quer para refutá-la (...), aceitou, depois de fevereiro de 1917, as perspectivas audaciosas da Revolução Permanente para a Rússia, que lançaria a tocha inflamada no barril de

---

* ZEMSTSY = Assembléia Provincial (eleita por nobres, habitantes de cidades e camponeses) na Rússia czarista, a partir de Alexandre II.

pólvora da Europa Ocidental (...). A nova concepção de Lenin constituía uma ruptura completa com as tradições do Bolchevismo" (*Revisionnism*, p. 75/ *Revisionismo*). J. Bruhat, em seu *Lénine* (1960)/(*Lenin*, 1960) nada diz sobre a questão, não mais que L. Fischer (*Lénine*, 1966). Gérard Walter (*Lénine*, 1950)/(*Lenin*, 1950) e David Shub (*Lénine*, 1966)/(*Lenin*, 1966) também são discretos. Deutscher, em seu *Trotski* (t. I, 1962, pp. 343-344), apresenta uma versão sintética das relações políticas entre Trotski e Lenin, datando de abril de 1917 — sem que delas tivessem claramente consciência, os pontos de vista dos dois homens tinham-se reunido: "Trotski tinha-se reaproximado de Lenin sobre o problema do Partido (...). Lenin... chegou, durante a Guerra, a levar em conta a Revolução Socialista nos países avançados da Europa e a situar a Revolução Russa nessa perspectiva internacional".

A análise de Arthur Rosenberg, o antigo comunista de esquerda alemão, tenta, ao contrário, sistematizar as divergências que surgiram, de 1906 a 1917, sobre esse ponto, entre "Leninismo" e "Trotskismo". Ele vê em Lenin o representante da "primeira etapa do Marxismo", aquela que "consistia na organização dos operários, visando terminar a Revolução Democrática Burguesa"; e em Trotski, bem como em Rosa Luxemburgo e no esquerdista Gorter, o representante da terceira etapa, aquela de uma sociedade sem classes (*História do Bolchevismo*, p. 116). O objetivo de Lenin era a Revolução Democrática Burguesa, mas ele perseguiu este objetivo "de uma forma radical e conseqüente"; acrescentando-se aí o impulso das massas, "a atividade revolucionária conduzida então em comum por Lenin e Trotski relegou, provisoriamente, a segundo plano as oposições doutrinais, que existiam entre Bolchevismo e Trotskismo" (pp. 156-157).

Essa construção permitiria explicar, com facilidade, por que Lenin, depois de 1917, sempre guardou silêncio sobre a Revolução Permanente. Infelizmente, ela se choca com muitas evidências: até o fim de 1917, Lenin não cessa de apresentar a Revolução Russa como o primeiro momento da Revolução *Socialista Mundial* e as desavenças, que explodem entre Trotski e ele quando da paz de Brest-Litovsk, versam apenas sobre a apreciação divergente que ambos fazem sobre os ritmos da Revolução Européia e, de início, da Alemã.

Às vésperas de suicidar-se, Abraham Ioffé escreveu uma carta para Trotski, na qual afirmava: "Eu lhe declarei, muitas vezes, ter ouvido, eu mesmo, Lenin reconhecer que, em 1905, *não era ele, mas o senhor* quem tinha razão". Testemunho precioso, talvez, mas que só merece algumas linhas de Lenin... Entretanto, assinalemos um pormenor importante. A censura teórica, dirigida por Lenin a Trotski até 1917, consistia em subestimar o papel do campesinato. E este tema tornou-se pedra angular da campanha antitrotskista, a partir de 1924. Ora, em 1919, Lenin respondeu publicamente "à pergunta de um camponês" de que "não havia nenhuma desavença entre ele e Trotski no que concerne aos camponeses médios" (*Pravda*, 15 fev. 1919), o que significa nenhum desacordo sobre o problema do campesinato, o "kulak" não sendo, então, considerado por ninguém como um elemento da construção do Socialismo. "Eu subscrevo com as duas mãos o que foi dito pelo camarada Trotski", prosseguia Lenin, cuja insistência visava, talvez, dissipar os fantasmas do passado.

3. Trotskismo e Stalisnimo

a) O Trotskismo definido pelo Stalinismo

Quando da primeira luta encetada pela Oposição de Esquerda, a Direção do Partido Bolchevique teve, de início, alguma dificuldade para defini-la. Rotulando-a de "trotskista", ela a define por um certo número de desvios apresentados como um ressurgimento do antigo Trotskismo (Stalin, Dircurso de 19 de novembro de 1924, *Correspondência Internacional*, nº 81 de 11 de dezembro de 1924, e *Obras Completas*, t. VI, pp. 324-357).Zinoviev aí vê então uma "tentativa bastante aberta de revisão ou mesmo de aniquilação do Leninismo" (Zinoviev, "Bolchevismo ou Trotskismo", *Corres-*

pondência Internacional, n⁰ 81, 11 de dezembro de 1924). Kamenev vai mais longe em "Leninismo ou Trotskismo" (*Correspondência Internacional*, n⁰ 80, 9 de dezembro de 1924), afirmando: "Trotski tornou-se o elemento condutor da pequena burguesia em nosso Partido". Stalin vai precisar em *A Revolução de Outubro* a tática dos comunistas russos (*Pravda* do dia 20 de dezembro de 1924; *Obras Completas*, t. VI. pp. 358-401, e *Stalin contra Trotski*, pp. 159-189), ao definir o Trotskismo ou, mais exatamente, a Revolução Permanente, que é a sua pedra angular, como "uma das variedades do Menchevismo". Esta caracterização, sob o rótulo de "desvio social-democrata" e aperfeiçoada pela precisão "pequeno-burguesa", tornar-se-á o clichê da polêmica stalinista até o início dos anos 30 (cf. a lista dos escritos de Stalin na Bibliografia).

Em *A Oposição trotskista ontem e hoje* (*Obras Completas*, t. X, pp. 172-205), Stalin denuncia, na análise que a Oposição faz de Termidor, o sinal de que "o caminho dos trotskistas, no curso dos três últimos anos, foi de Trotskismo ao Menchevismo e ao Liberalismo na questão fundamental da degenerescência".

Quando do Discurso de encerramento do XV Congresso do Partido, (7 de dezembro de 1927) Stalin dá um passo, além disso, ao declarar a respeito da atitude da Oposição por ocasião da manifestação do dia 7 de novembro de 1927: "Esta tentativa da Oposição em nada se distingue da famosa tentativa dos socialistas-revolucionários de esquerda em 1918" (*Obras Completas*, t. X, pp. 354-371).

Dois anos depois, um passo decisivo é transposto, quando Stalin declara no XVI Congresso: "Hoje, o grupo trotskista é um grupo antiproletário, anti-soviético e contra-revolucionário, que se lança com paixão em informar a Burguesia sobre os negócios de nosso Partido (*Obras Completas*, t. XII, pp. 235-273). Um ano mais tarde, em sua famosa "Carta" para a revista *Proletarskaia Revoliutsia* – "Sobre as questões da História do Bolchevismo", Stalin especifica: "O Trotskismo é o destacamento de vanguarda da Burguesia contra-revolucionária, que dirige a luta contra o Comunismo, contra o poder, contra a construção do Socialismo na URSS" (*Obras Completas*, t. XIII, pp. 84-102).

O assassinato de Kirov, a era dos expurgos e dos processos de Moscou termina com a evolução e aprimora a definição: "O Trotskismo cessou de ser uma corrente política na classe operária, é uma facção, sem princípio e sem ideologia, de sabotadores, de agentes de ação estratégica e de informações, de espiões, de assassinos, uma facção de inimigos figadais da classe operária, uma facção a soldo dos serviços de espionagem dos Estados estrangeiros" ("Por uma formação bolchevique". In: *O Homem, o capital mais precioso*, pp. 17-21). A *Historia do Partido Comunista* (bolchevique) da URSS resume no seu título da Parte 4 de seu Capítulo XI: "Os bukharinistas degeneram em políticos de duas caras. Os trotskistas de duas caras degeneram em um bando de guardas-brancos, assassinos e espiões (p. 306), e o Capítulo XII qualifica os trotskistas de "monstros", "refugos do gênero humano", "pigmeus contra-revolucionários", "escória de guardas-brancos", "lastimáveis lacaios dos fascistas" (pp. 327 e 328).

Hoje, os historiadores ou panfletários stalinistas dão do Trotskismo quase a mesma definição, que dele davam de 1927 a 1934.

Léo Figuères, que publicou nos *Cadernos do Comunismo (Cahiers du Communisme)* de outubro de 1968 um artigo intitulado "O Trotskismo, oportunismo" (título apresentado na capa e que se torna "O Trotskismo, uma variedade do esquerdismo"), afirma que o Trotskismo é uma "ideologia da pequena burguesia" e especifica "que não era justificado tratar os trotskistas de hitleristas", fórmula, que, em *O Trotskismo, este antileninismo*, se transforma em: "eles não eram, indistintamente, agentes hitleristas, aqui, há trinta anos". Falseando as teses essenciais do Trotskismo, L. Figuères afirma que ele "desenvolveu a tese de que Estados Capitalistas e Estados Socialistas se colocavam no mesmo plano e de que, nos dois casos, uma 'Revolução' era indispensável para derrubar a classe dominante" (p. 11). Ora, uma das bases fundamentais do Trotskismo é a recusa em considerar a Burocracia como uma nova classe e, logo, a afirmação da necessária *defesa da URSS* contra o Capitalismo. A intransigência de Trotski sobre esse ponto fez explodir o SWP (Partido Socialista dos Trabalhadores) em 1940.

b) O Trotskismo não é senão um Stalinismo às avessas?

No outro pólo do horizonte político, o Trotskismo viu-se definido, desde os anos de 1930, como o avesso ou o irmão gêmeo do Stalinismo, filho monstruoso, como este, do centralismo leninista. *Sua moral e a nossa*, escrito por Trotski em 1938, propõe-se como objetivo refutar "a idéia de que o Stalinismo e o Trotskismo são 'no fundo idênticos' (idéia que) encontra hoje a mais ampla audiência. Ela reúne os liberais, os democratas, os católicos piedosos, os idealistas, os pragmatistas, os anarquistas e os fascistas" (p. 19).

O antigo comunista iugoslavo Anton Ciliga observava em *No País da mentira desconcertante*: "Trotski e seus partidários estão muito intimamente ligados ao regime burocrático na URSS, a fim de poder conduzir a luta contra este regime até às suas conseqüências extremas (...). Trotski é, no fundo, o teórico de um regime, de que Stalin é o realizador" (pp. 195-196). Em *Memórias de um revolucionário*, Victor Serge, ao explicar a sua ruptura com Trotski, afirma: "O Trotskismo dava testemunho de uma mentalidade simétrica à do Stalinismo contra o qual se erguera e que o esmagava" (p. 381).

Trotski respondeu, além de em *Sua moral e a nossa*, em *Bolchevismo e Stalinismo* (de que alguns trechos figuram nos documentos aqui reunidos), em *A Revolução Traída*, em *Defesa do Marxismo*. Neles, ele denuncia, no amálgama entre Trotskismo e Stalinismo, uma fraude, que consiste em privilegiar a forma exterior esquecendo o conteúdo, em privilegiar o abstrato em detrimento do concreto, em privilegiar "indícios exteriores e secundários", "este ou aquele princípio abstrato, ao qual o cientista atribui profissionalmente uma significação particular" (*Sua moral e a nossa*, pp. 19-20) em detrimento do essencial. É assim que, em *A Revolução*

Traída, ao analisar a "degenerescência do Partido Bolchevique", ele estuda as raízes sociais da passagem do "centralismo democrático" ao "centralismo burocrático", de que Racovski, em sua *Carta a Valentinov*, dera a primeira análise precisa, e afirma avaliando: "Não pensamos em opor, à abstração-*Ditadura*, a abstração-*Democracia*, para pesar suas respectivas qualidades nas balanças da razão pura" (*Da Revolução*, p. 510). E, no início de *Sua moral e a nossa*, lembra: "O devir histórico é, antes de tudo, luta de classes, e ocorre que classes diferentes utilizam, para fins diferentes, meios análogos. Isto não poderia ser de outra forma. Os exércitos beligerantes são sempre mais ou menos simétricos; se não houvesse nada de comum em seus modos de combater, eles não poderiam se chocar" (pp. 20-21).

4. Por que Stalin venceu a Oposição?

Essa pergunta é o próprio título de um artigo de Trotski escrito em 1935, publicado nos números 9 e 10 (22 ago. e 5 set., *Luta Operária*), e retomado sob esse título (mais exatamente "Por que Stalin venceu?") como subdivisão do Capítulo V (O Termidor soviético) de *A Revolução Traída*, em 1936.

A própria formulação da questão já assinala uma escolha: Por que Stalin venceu a Oposição? ou Por que Stalin venceu Trotski?

Escolher a segunda formulação é explicar um dos momentos decisivos da evolução da União Soviética e do movimento operário internacional por e através de um combate entre dois homens pelo poder; escolher a primeira é distinguir através de um confronto, cujas duas expressões e cujos dois pólos foram, de início, Stalin e Trotski, o choque entre duas forças políticas e, portanto, entre forças sociais hostis.

Staline contre Trotsky (Stalin contra Trotski) é o título dado, em francês, à seleção de textos apresentados pela editora do Partido Comunista Italiano, Editori Reuniti, e que se intitulava, em italiano, *La revoluzione permanente e il socialismo in um paese solo (A Revo-*

lução Permanente e o Socialismo num só país). A mudança de título indica uma passagem de uma concepção para a outra, ao menos para o editor, pois, para o apresentador do volume, Giuliano Procacci, trata-se de uma luta entre duas concepções do desenvolvimento da Rússia soviética; foi vencida aquela que não correspondia, nem à situação interna da Rússia, país esgotado e "refratário e hesitante frente à perspectiva de uma ofensiva revolucionária", nem à situação internacional, ainda que "o empirismo de Stalin, esclarecido por alguns princípios não discutidos e fundamentais...", encarnado pelos quadros, engajasse a URSS no caminho dos planos qüinqüenais e permitisse "lançar as bases da primeira sociedade socialista da história humana" (pp. 16-20).

Os defensores dessa explicação deveriam levá-la a seu limite lógico, a saber: os dirigentes bolchevistas, em 1917, enganaram-se gravemente, quando opunham, aos dirigentes menchevistas, que declaravam impossível construir o Socialismo na Rússia (o que Lenin afirmará irrefutável em suas *Notas sobre a Revolução* de 1923), a afirmação de que a Revolução Russa não era senão o primeiro momento da Revolução Mundial. A explicação de Procacci deve conduzir a considerá-la como um acidente nacional ligado a um conjunto de circunstâncias históricas muito particulares.

"Stalin contra Trotski" é, no entanto, a versão mais corrente. Em seu capítulo "A derrota de Trotski", de sua *História do Partido Comunista da União Soviética* (1960), Leonard Schapiro, que apresenta a Oposição, em 1926, como "uma facção desacreditada e um pouco ridícula de vencidos" (p. 320) e que ridiculariza os oposicionistas por terem, no fim de 1927, pedido a sua reintegração no Partido, vê em Trotski uma vítima da "ideologia": "Como Martov, antes dele, Trotski caiu vítima de sua fé nos dogmas marxistas" (p. 307).

Pierre e Irène Sorlin, em seu *Lénine, Trotsky, Staline (Lenin, Trotski, Stalin),* dão explicações psicológicas, combinadas com uma pitada de Sociologia: "Trotski é um extraordinário jornalista (...). Em tempo comum, ele não sabe aplicar-se a um trabalho acanhado, terra-a-terra e útil (...). Trotski só escreve para os intelectuais"

(p. 226). A este diletante genial e romântico opõe-se Stalin, o homem do quotidiano concreto: "Stalin não se perde nas nuvens, mas conhece as questões urgentes (...). Ele sabe o que convém ao soviético comum" (p. 227). Em resumo, "no plano prático, Stalin revela-se muito mais hábil do que o seu rival" (p. 228). Além disso, "Stalin dominava bem o Partido. Ele adotara uma posição ideológica, que convinha à maioria dos Soviéticos. Em 1924 já, seu êxito estava assegurado" (p. 23). O que é essa "maioria dos Soviéticos", e porque ela se transformou em 7 anos, permanece obscuro!

Suvarin, que, em seu *Stalin*, considera os anos 23-27 sob o ângulo da luta entre "a Oposição" e a Direção, e não entre dois homens, explica a derrota da Oposição por uma longa sucessão sistemática de erros táticos e estratégicos. "A inseqüência da tática remata as antinomias da teoria e o ilogismo da Política." Ele ataca quando precisaria esperar e espera quando precisaria atacar, "distribuindo os golpes a torto e a direito (...) e passando da expectativa estéril para a ofensiva sem esperança" etc. (p. 442).

Roberts V. Daniels retoma esse requisitório, no último capítulo de sua obra *The conscience of the revolution (A consciência da Revolução)* (1960) intitulado: "Por que a Oposição fracassou". "Em cada momento crítico, a Oposição mostrou tanta hesitação, tantas desavenças internas, tanta estupidez, no plano da tática como no da organização, que não é possível senão espantar-se que as forças dos dissidentes comunistas tenham podido sobreviver por tão longo tempo. Os oposicionistas estavam, de início, paralisados pela doutrina. Trotski era um dirigente excepcional, mas não um homem político e, desde seus primeiros passos, a Oposição manifestou uma indecisão e uma impotência radicais", mais a ausência de unidade etc. (pp. 388-400).

O artigo de Trotski "Por que Stalin venceu a Oposição?" e o capítulo citado de *A Revolução Traída* reúnem o essencial de sua argumentação, que, sem negar o fato de que "o êxito ou o fracasso da luta da Oposição dependeu, é natural, deste ou daquele grau das qualidades da Direção dos dois campos em batalha", faz incidir o acento sobre o quadro no qual atuavam a Oposição e o Aparelho, quadro "nacional" da URSS, como parte integrante de um quadro internacional, cujo elemento determinante é a sucessão contínua de malogros sofridos pela Revolução, começando do primeiro recuo da Revolução Alemã, em janeiro de 1919, até a derrota da Revolução Chinesa em 1927, depois a ascensão do Fascismo etc. "O declínio do movimento revolucionário, a lassidão, as derrotas na Europa e na Ásia, a decepção nas massas operárias, deviam, inevitavelmente, enfraquecer as posições dos revolucionários internacionalistas e, ao contrário, reforçar as posições da Burocracia nacional e conservadora. Um novo capítulo abre-se na Revolução."

Em *A Revolução Traída*, Trotski analisa as causas sociais de Termidor e da degenerescência da Revolução, isto é, as causas sociais da emergência de uma casta parasitária, a Burocracia. Essas causas, porém, determinantes na derrota da Oposição, são apenas o reflexo da situação acima resumida. É nesse mesmo tipo de explicação que se baseia a análise apresentada por Pierre Broué em *Le parti bolchevique (O Partido Bolchevique)* e J.J. Marie em *Staline (Stalin)*.

Deutscher, que em seu *Staline (Stalin)* (1949) reduz o debate às inabilidades de Trotski, que "se mostrou tímido e hesitante em quase toda a sua ação" etc., adere a essa explicação geral em seu *Trotski (Trotski)*.

BIBLIOGRAFIA

OBRAS GERAIS

— Encontraremos os diversos estados da versão stalinista em:

1. *Histoire du Parti communiste (bolchevik) de l'U.R.S.S.* Paris, Bureau d'Editions, 1938. Reedição: Paris, Gît-le-Coeur, 1969.
2. *Histoire du Parti communiste de l'Union Soviétique.* Moscou, 1962, em 1 vol.; Paris, 1963.
3. —————— . Moscou, 1964-1968, 6 vols., 3 vols. publicados, o 3º em 2 tomos.
4. *Revista das fontes da História do PCUS.* Moscou, 1961.

— Para recolocar o problema do Trotskismo na História da URSS e do Partido Bolchevista, temos: E. H. CARR, *A History of Soviet Russia*, Londres, MacMillan, 1964-1966, 6 vols. publicados; o vol. 1 em francês, Paris, Minuit, 1969, cobre o período de 1917-1926; e, sobretudo, PIERRE BROUÉ, *Le Parti bolchevique*, Paris, Minuit, 1963.

5. DEUTSCHER, I. *Staline.* Paris, Gallimard, 1948.
6. —————— . *Trotsky.* Paris, Temps modernes, 1962-1965.
7. BRAHM. *Trotzkijs Kampf um die Nachfolge Lenins.* Berlim, 1964.
8. MARIE, J.-J. *Staline.* Paris, Le Seuil, 1966.
9. SOUVARIN, B. *Staline.* Paris, Plon, 1935.

OBRAS DE TROTSKI

I) Encontraremos elementos práticos de bibliografia de Trotski no final das seguintes obras:

1. TROTSKY. *Staline.* Paris, Grasset, 1948; IDEM. *Ma Vie.* Paris,

Gallimard, 1953; IDEM. *Le Mouvement communiste en France.* Paris, Minuit, 1967.

2. BAECHLER, J. *Politique de Trotsky.* Paris, Armand Colin, 1968.

3. DEUTSCHER, I. *Trotsky.* t. I, *Le Prophète armé*, Paris, Julliard, 1962; t. II, *Le Prophète désarmé*, Paris, Julliard, 1964; t. III, *Le Prophète hors-la-loi*, Paris, Julliard, 1965.

II) Antologias de Trotski:

1. *The age of permanent revolution.* Nova York, Dell Publishing, 1964. Introdução de I. DEUTSCHER.
2. *The basic writings of Trotsky.* Londres, Secker and Werburg, 1963. Introdução de Irwing HOWE.
3. *The essential Trotsky.* Londres, Unwin Books, 1963. Introdução de R.T.C.; compreende três textos integrais: *The History of Russian Revolution to Brest-Litovsk; The Lessons of October; Stalin falsifies History.*
4. BAECHLER, J. *Politique de Trotsky.* Paris, Armand Colin, 1968. Textos reunidos em nove rubricas, precedidos de uma longa introdução.

III) Obras de Trotski:

a) Em russo

1. *Obras Completas* (Moscou, 1923-1927). Edição empreendida em 1923, interrompida em 1927, só comporta os volumes: 2, 3, 4, 6, 8, 9, 12, 13, 15, 17 (2ª parte), 20, 21.
2. *Boletim da Oposição* (jul. 1929 - ago. 1941, 87 números). Contém o essencial dos textos de Trotski dessa época, exceto das grandes obras. A que podemos acrescentar, como títulos essenciais, não publicados integralmente em francês:
3. *Como a Revolução se armou.* Moscou, 1923-1925, 3 t., 5 vols.
4. *A Cultura e a Revolução.* Moscou, 1923.
5. *Entre o Imperialismo e a Revolução.* Moscou, 1922.
6. *A Guerra e a Revolução.* Moscou-Leningrado, 2 t., 1922-1923.
7. *A Geração de Outubro.* Moscou, 1924.
8. *Nossas Tarefas Políticas.* Genebra, 1904.
9. *Nossa Revolução.* São Petersburgo, s.d., talvez 1906.
10. *Problemas de Existência Quotidiana.* Moscou, 1925.
11. *Problemas do Trabalho Cultural.* Moscou, 1924.

b) Em alemão

1. *Die Krieg und die Internationale.* Zurique, 1914.

c) Em inglês

1. *In Defense of Marxism* (Against the petty-bourgeois opposition) Nova York, Pioneer Publishers, 1941. Reedição: Merit Publishers, 1965, e Londres, New Park Publications, 1965.
2. *The First Five Years of the Communist International.* Nova York, Pioneer Publishers, 2 t., 1945-1953.

3. *The New Course*. Nova York, New International Publishing Co., 1943. Seguido de um longo histórico de M. SCHACHTMAN intitulado *The Struggle for the New Course*.

4. *Our Revolution*. Nova York, Holt, Rinehart and Wiston, 1918.

5. *Problems of life*. Nova York, Methuen and Co.

6. *The Problems of Chinese Revolution*. Londres, New Park Publications, 1969.

7. *Stalin's Frame-up System and the Moscow Trials (Closing Speech at the Preliminary Commission of Inquiry Into the Charges Made Against L. Trotski in* The Moscow Trials, *held April 10 to 17 1937, at Coyoacan, México*. Reproduzido em *The Moscow Trials*, Londres, New Park Publications, 1967, com *The Stalinist Bureaucracy and the Assassination of Kirov*.

8. *The Stalin School of Falsification*. Nova York, Pioneer Publishers, 1937. Reedição: 1962.

9. *The Third International after Lenin*. Nova York, Pioneer Publishers, 1936. Reedição: 1967. Contém Notas e dois Apêndices de J.-P. Canon e M. Schachtman.

10. *The Trotsky's Papers* – 1917-1919, t. I, 1917-1919. Paris, Mouton, 1964. Texto bilíngüe russo-inglês, acompanhado de um aparato crítico, extremamente precioso de J.-V. Meijer.

11. *Trotsky's Writings* – 1929-1940. Nova York, Pathfinder's Press, 1969-1976, 12 vols.

12. *Where is Britain Going?* Londres, New Park Publications, 1960.

d) Em francês

1. *L'Avènement du Bolchevisme*. Paris, Edition et librairie, 1920. p.

2. *Cours Nouveau* (1923). In: *Les Bolcheviks contre Staline*. Paris, IVe Internationale, 1957; In: *De la Révolution*, Paris, Minuit, 1967.

3. *Les Crimes de Staline*. Paris, Grasset, 1937.

4. *Ecrits*. Paris, IV e Internationale:
– Tomo I (1955). Série de artigos centralizados em torno da luta da Oposição de Esquerda em 1927-1929.
– Tomo II (1959). *Où va la France?* Reedição do volume editado, em 1936, pela Librairie du Travail, constituído de uma série de artigos escritos entre out. 1934 e jul. 1936.
– Tomo III (1959). *La tragédie de la classe ouvrière allemande. La Révolution espagnole*. Este volume reúne todas as brochuras e artigos escritos por Trotski sobre a Alemanha de 1930 a 1933 e sobre a Espanha de 1931 e 1939.

5. *Ecrits militaires* (t.I). *Comment la Révolution s'est armée*. Paris, L'Herne, 1968. Edição da primeira metade dos três volumes e cinco tomos de *Como a Revolução se Armou*, Moscou, 1923-1925.

6. *Entre l'impérialisme et la Révolution* (Les questions fondamentales de la révolution à la lumière de l'expérience géorgienne). Paris, Librairie de l'Humanité, 1922.

7. *Europe et Amérique*. Paris, Librairie de l'Humanité, 1926.

8. *Histoire de la Révolution russe*. Paris, Rieder-P.U.F., 1932-1933. Reedição: Paris, Le Seuil, 1950, 1 vol. Reedição: Paris, Le Seuil, 1967, 2 vols., Col. "Politique".

9. *L'Internationale communiste après Lénine* (Ou le grand organisateur des défaites). Paris, Rieder, 1930. Reedição na base de uma outra variante do texto: Paris, P.U.F., 1969, 2 vols.

10. *Journal d'exil (1935)*. Paris, Gallimard, 1960.

11. *Les Leçons d'Octobre.* In: *Staline contre Trotsky.* Paris, Maspero, 1964.

12. *Lénine.* Paris, Librairie du Travail, 1925.

13. *Littérature et révolution.* Paris, Lettres Nouvelles, 1964.

14. *Ma vie.* Paris, Rieder-P.U.F., 1930, 3 vols. Reedição: Paris, Gallimard, 1953, completada por um longo relato de ALFRED ROSMER, "Sur la Planète sans visa" (1929-1940). Reedição em formato de bolso: 1966.

15. *Ma vie.* Paris, Rieder, 1934, edição resumida.

16. *1905.* Paris, Librairie de l'Humanitè, 1923. Reedição: Paris, Minuit, 1969, seguido de *Bilan et Perpectives.*

17. *Leur morale et la nôtre.* Paris, Le Sagittaire, 1939. Reedição: Paris, Pauvert, 1966, seguida de *Moralistes et Sycophantes* (Les Trafiquants d'indulgence et leurs alliés socialites ou le coucou dans le nid d'un autre).

18. *Le mouvement communiste en France* (1919-1939). Textos selecionados e apresentados por P. BROUÉ. Paris, Munuit, 1967. Reúne quase a totalidade dos textos de Trotski sobre a luta das classes, o PC, a Oposição de Esquerda, o movimento trotskista na França.

19. *Nouvelle étape.* Paris, Librairie de l'Humanité, 1922.

20. *Où va l'Angleterre?* Paris, Librairie de l'Humanité, 1926.

21. *La Révolution défigurée.* Paris, Rieder-P.U.F., 1929. Reedição in: *De la Révolution.* Paris, Minuit, 1967.

22. *La Révolution permanente.* Paris, Rieder-P.U.F., 1932. Reedição in: *De la Révolution.* Paris, Minuit, 1967.

23. *La Révolution trahie.* Paris, Grasset, 1936. Reedição: Paris. IVe Internationale, 1958. Reed.: Paris, Plon, 1969, Col. "10-18". Reed. in: *De la Révolution.* Paris, Minuit, 1967.

24. *Staline.* Paris, Grasset, 1948.

25. *Terrorisme et Communisme.* Petrogrado, Editions de l'Internationale communiste, 1920, e Paris, Librairie de l'Humanité, 1920. Reedição: Paris, Plon, 1963, Col. "10-18".

26. *Vie de Lénine. Jeunesse.* Paris, Rieder-P.U.F., 1936.

IV) Brochuras e Artigos:

Os textos mais importantes de Trotski sobre a Revolução Chinesa, publicados em 1927 em anexo à *Déclaration des 83 (Declaração dos 83;* Paris, Impr. centrale de la Bourse, 1927), foram reeditados por P. BROUÉ, *La Question chinoise dans l'Internationale communiste,* Paris, E.D.I., 1965.

Temos alguns trechos de Trotski, cuja primeira parte de seu texto sobre a Frente Única, do dia 2 de março de 1922 (reproduzido, por erro, como sendo o texto de Zinoviev sobre esse assunto, no dia 18 de dezembro de 1921), em J.-J. MARIE, *Les paroles qui ébranlèrent le monde,* Paris, Le Seuil, 1967.

Acrescentamos uma lista muito breve de textos acessíveis e fáceis:

1) In: *Etudes marxistes:*

"Beaucoup de bruit autour de Cronstadt (n° 1); Les principales leçons de IIIe congrès de l'I.C.; Discussion sur le programme de transition (n° 2, n[o] spécial sur "le Programmme de transition trente ans après"); Le matérialisme dialectique el la science (n.ºs 5-6): Un paradis dans ce monde: Correspondance NIN-TROTSKY, 1931-1933 (n° 7)".

2) In: *Quatrième Internationale:*
"La Révolution russe" (vol. 15, n.ᵒˢ 7-10).
"Les notes de Friedrich Engels sur la guerre de 70-71" (vol. 16, nº 3).
"Radio, science, technique et sociéte" (vol. 16, nº 2), mais o nº 7 do vol. 17 contendo um conjunto de textos sobre Trotski, a respeito do 80º aniversário de seu nascimento.
3) In: *Sous le Drapeau de Socialisme*:
"Le trotskysme et le P.S.O.P." (nº 42).
4) In: *La Vérité*:
"Une révolution que traîne en longueur; Rosa Luxemburg et la IVe Internationale (515); La Commune de Paris et la Russie des Soviets (516); Lettre ouvert aux ouvriers (519); Pourquoi Staline a-t-il vaincu l'opposition (537); Bolchevisme et stalinisme (539); A propos du bonapartisme (540)."

A QUARTA INTERNACIONAL

Não há nenhuma História de IV Internacional, nem mesmo um esboço global. As obras ou os ensaios consagrados a Trotski, as antologias de Trotski, dão à IV Internacional apenas em um lugar, tanto quanto possível, secundário. É o caso de V. SERGE, *Vie et Mort de Trotsky*, Paris, Amiot-Dumont, 1947, e da trilogia de DEUTSCHER, *Trotsky*, Paris, Julliard, 1962-1965, 3 t., onde se vê o profeta-gigante, mas desarmado, usar seu gênio para empunhar um briquedo de papelão, sombra caricatural de Lenin lutando pela III Internacional, "um gesto vazio de significação", uma "loucura".

Expressa ou subjacente, essa apreciação explica que essa seleção de textos de Trotski, efetuada por I. DEUTSCHER e NOVACK, membro do SWP (PST) norte-americano, *The Age of Permanent Revolution*, Nova York, Dell Publishing, 1964, só dedica 9 páginas à IV Internacional, no total de 384 páginas; que a de IRWING HOWE, *The Basic Writings of Trotsky*, Londres, Secker and Warbur, 1963, não contém um único texto referente à IV Internacional, não mais que o *Essential Trotsky*, Londres Unwin Books, 1963. O volume de JEAN BAECHLER, *Politique de Trotsky*, Paris, Armand Colin, 1968, se consagra uma página e meia de sua longa introdução, dedicada a responder à questão "Qu'est-ce que le trotskysme?" à IV Internacional (pp. 89-90), não a faz figurar, nem no "Índice de assuntos", nem na Cronologia sumária, que fecha o volume, e lhe consagra três quartos de página no total de 260 páginas.

Os raros textos existentes possuem valor muito desigual:

1. P. FRANK, *La Quatrième Internationale*, Paris, Maspero, 1969; história oficial escrita do ponto de vista do Secretariado Unificado e, muitas vezes, apologética.

2. Do mesmo modo, MICHEL PABLO, "Vingt ans de la IVe Internationale", série de artigos in: *Quatrième Internationale*, n.ᵒˢ de jan. 1958, abr. 1958, jul. 1958, nov. 1958, set.-out. 1959, aos quais o autor deu seqüência em "Trotsky et ses épigones", in: *Sous le Drapeau du Socialisme*, n.ᵒˢ 41-45.

3. STEPHANE JUST, "Défense du trotskysme", in: *La Vérité*, n.ᵒˢ 530-531, set. 1965, constitui uma história política da IV Internacional, a contar dos dias posteriores à Segunda Guerra Mundial, centrada na crise pablista e na destruição da IV Internacional.

4. ELSA PORETSKI, *Les Nôtres*, Paris, Denoël, biografia de Ignace Reiss, fornece pormenores do período 1937-1939 e de L. Sedov.

5. O primeiro documento é *Le Programme de transition*, adotado em 1938. Escolher a edição de *La Vérité*, Paris, 1964; reed., 1969; de preferência à edição da *Quatrième Internationale*, prefaciada por P. Frank, reedição do texto francês de 1945, cheio de muitos erros. *La Vérité* reeditou o texto russo do *Programa de Transição* e de *L'Appel de la conférence de fondation de la IVe Internationale aux travailleurs du monde entier* (*O apelo da Conferência de fundação da IV Internacional aos trabalhadores do mundo inteiro)*, Paris, 1968.

6. A fonte essencial de uma história, que ainda resta começar, é a coleção dos 87 números do *Bulletin de l'Opposition* para o período 1929-1941, e do *Bulletin internacional de l'Opposition de gauche*, 1931-1939. Acrescentamos um lista das principais revistas publicadas pelas organizações, que invocam o Trotskismo:

– Órgãos trotskistas:
La Vérité; Fourth International: Etudes Marxistes; Tribune ouvrière (Canadá); *Política Obrera* (Argentina); *Masas* (Bolívia).

– Órgãos do Secretariado Unificado:
Quatrième Internationale; Rouge; The Militant; Die Internationale; Bandiera Rossa.

– Órgãos da tendência marxista-revolucionária:
Sous le Drapeau du Socialisme.

– Outras correntes:
Spartacist; Lutte ouvrière.

OBRAS STALINISTAS

a) *Em francês*

1. *Trotsky jugé par Lénine*. Paris, Librairie de l'Humanité, 1925.

2. *La plate-forme de l'Opposition trotskyste*. Paris, Bureau d'édition et de publications, editada pela "Sèção de Agitação e de Propaganda do Comitê Central do PCF, s.d., provavelmente 1927.

3. *Trotsky, Doriot, Hitler*. Paris, Bureau d'Editions, 1937.

4. *Trotsky et le trotskysme*. Paris, Bureau d'Editions, 1937.

5. *Le procès du Centre terroriste trotskyste-zinoviéviste* (19 ago.-24 ago. 1936). Moscou, Comissariado do Povo à Justiça da URSS, 1936.

6. *Le procès du Centre antisoviétique trotskyste* 23-30 jan. 1937). Moscou, Comissariado do Povo à Justiça da URSS, 1937.

7. *Le procès du Bloc des droitiers et des trotskystes antisoviétiques* (2 mar. - 13 mar. 1938). Moscou, Comissariado do Povo à Justiça da URSS, 1938.

8. SAYERS, M. & KAHN, A. *La Grande Conspiration contre la Russie*. Paris, Ed. Hier et Aujourd'hui, 1947.

9. FIGUÈRES, Léo. *Le Trotskysme, cet antiléninisme*. Paris, Ed. Sociales, 1969. Encontraremos, no final desta obra, uma bibliografia incompleta sobre os textos de Lenin dedicados ao antigo Trotskismo e a Trotski (pp. 226-230) e uma lista dos principais artigos contra o Trotskismo, publicados pelos *Cahiers du bolchevisme* (p. 234). Ademais, a obra está cheia de erros ou de mentiras grosseiras.

b) *Em russo*

– OBRAS:

1. STALIN. *Obras Completas* (t. VI, 1924): *Trotskismo ou Leninismo* (pp. 324-357); *A Revolução de Outubro e a Tática dos Comunistas Russos* (pp. 358-401); (t. VIII, jan.-nov. 1926): *Questões do Leninismo* (pp. 13-90); *O Bloco de Oposição no PCRQ* (pp. 224-233); *O Desvio Social-Democrata em nosso Partido* (pp. 234-297 e 298-316); (t. IX, dez. 1926 – jul. 1927): *Ainda uma vez sobre o Desvio Social-Democrata em nosso Partido* (pp. 1-151); *Os Problemas da Revolução Chinesa* (pp. 221-230); (t. X, ago.-dez. 1927): *Intervenções no Plenum do CC e da CCC* (pp. 1-91); *A Fisionamia Política da Oposição Russa* (pp. 153-167); *A Oposição Trotskista Ontem e Hoje* (pp. 172-205); *O Partido e a Oposição* (pp. 252-268); *Relatório Político no XV Congresso* (pp. 269-371); (t. XIII, jul. 1930 – jan. 1934): *Sobre alguns Problemas da História do Bolchevismo* (pp. 84-102) e *Resposta a Olekhnoritch e a Aristov* (pp. 126-132).

Todos esses textos, salvo, é natural, os dois últimos, foram reunidos e publicados em 1928 sob o título *Da Oposição*, volume que será "proibido" e destruído a partir de 1934...

2. CHALAGUIN, K.-D. *A Luta dos Bolcheviques contra a Trotskismo, 1907-1914*. Moscou, 1965.

3. GRINKO, V.; MITKIN, N.; SOPIN, E.; CHAUMIAN, C. *A Luta do Partido dos Bolcheviques contra o Trotskismo (1903-fevereiro 1917)*. Moscou, 1969.

4. ID. *A Luta do Partido dos Bolcheviques contra o Trotskismo após Outubro*. Moscou, 1969.

5. *Os Bolcheviques de Moscou na luta contra o Oportunismo de Direita e de Esquerda (1921-1929)*. Moscou, 1969.

6. MAKAROV, B.I. *A Crítica do Trotskismo nos Problemas da Construção do Socialismo na URSS*. Moscou, 1965.

7. TIMOFEEV, A.-A. *A Luta do Partido pela Unidade de suas Fileiras, pelo Leninismo de 1921 a 1929*. Moscou, 1958.

8. VIATKIN, A.-I. *O Aniquilamento do Trotskismo e dos outros Grupos Antileninistas (t. I, 1920-1925)*. Moscou, 1966.

9. VLASSOV, B. *O Trotskismo, o Inimigo do Leninismo*. Moscou, 1968.

– ARTIGOS

1. CHMELEV, A.-N. "A História do Problema da Possibilidade da Vitória do Socialismo na URSS", *V.I.K.P.S.S.*, 12, 1967.

2. GRIGORIEV; TARANENKO; KHRYSTOV. "A Organização de Moscou na Luta pelo Reforço da Unidade das Fileiras do Partido e pela Aniquilação do Trotskismo" (1921-1927). *V.I.K.P.S.S.*, 2, 1967.

3. IVANOV, V.-M. "O Partido na luta contra a Oposição Trotskista em 1924". *V.I.K.P.S.S.*, 4, 1959.

4. KUNTSYN, V.-M. "A Crítica das Alterações Oportunistas de Esquerda da Doutrina de Lenin sobre o Estado Socialista". *V.I.K.P.S.S.*, 8, 1965.

1. V.I.K.P.S.S. = Voprossv Istorii Kommunistictvesckoi Partii Soyeskovo Soiouza.

5. MICHCHIN, N.-P. "O Trotskismo a serviço da Propaganda Imperialista". *V.I.K.P.S.S.*, 12, 1965.
6. OZEROV, O. "A Luta do Partido contra o Trotskismo em 1928-1930". *V.I.K.P.S.S.*, 3, 1968.
7. ANÔNIMOS. "O XV Congresso do PCR (b)"; "O fim da Oposição Trotskista". *V.I.K.P.S.S.*, 12, 1967.
8. "Sobre o Trotskismo Contemporâneo e seu Trabalho de sapa". In: *Kommunist*, 1969-7.

CONTRIBUIÇÕES À HISTÓRIA DO TROTSKISMO[2]

1. AZZARONI; NAVILLE; SILONE. *Blasco, la vie d'un militant* (com textos de Blasco). Paris, 1965.
2. BROUÉ, P. "Le Printemps des peuples commence à Prague". Paris, *La Vérité*, 1969; "Trotsky et la Guerre d'Espagne", in: *La Vérité*, nº 537.
3. BROUÉ, P. & DOREY, N. "Critiques de gauche et opposition révolutionnaire au Front populaire". *Mouvement social*, nº 54.
4. BROUÉ, P.; MARIE, J.-J.; NAGY, N. *Pologne-Hongrie 56.* Paris, E.D.I., 1967.
5. CANNON, J.-P. *The Notebook of on Agitator.* N.Y., Pioneer Publishers; *The History of American Trotskysm.* Ibidem; *The Struggle for a Proletarian Party.* Ibidem.
6. *La Crise de la section française de la ligue communiste internationale.* Paris, 1935-1936.
7. FRANK, P. "Révision du trotskysme". Paris, IVe Internationale, 1964.
8. FRYER, Peter. *The Batlle for Socialism.* Londres, S.L.L., 1959.
9. HAUPT, G. & MARIE, J.-J. *Les Bolcheviks par eux-mêmes.* Paris, Maspero, 1968.
10. HEALY, Geary. *Ceylon, the Great Betrayal.* Londres, N.P.P., 1964.
11. ABRAHAM, Leon. *La Conception matérialist de la question juive.* Paris, 1948. Reedição: Paris, E.D.I., 1968.
12. LORA, G. *La Révolution bolivienne, analyse critique.* La Paz, S.R.L., 1963; *Perspectives de la révolution bolivienne.* La Paz, *Masas*, 1964.
13. *La Lutte des trotskystes sous la terreur nazie.* Paris, 1945.
14. MASSOT, F. de. "La grève générale" Paris. *Informations ouvrières*, 1969.
15. MORROW, f. *Revolution and Counter-Revolution in Spain.* Londres, 1937. Reedição: Londres N.P.P., 1962.
16. PABLO, M. "La guerre qui vient". Paris, IVe Internationale, 1953; *Dictature du prolétariat, démocratie, socialisme.* Id., 1954.
17. SAMIZDAT. "La voix de l'opposition communiste en U.R.S.S.". Paris, *La Vérité*, 1969.
18. SCALI, P. "La Révolution bolivienne 1952-1954". Paris, *La*

---

[2]. Trata-se aqui só de indicações muito breves versando sobre a IV Internacional, o Comitê Internacional, o Secretariado Unificado e sua forma de encarar alguns acontecimentos históricos recentes.

Vérité, 1955; "La Révolution espagnole". *Paris, Etudes marxistes*, 1969, nº especial.

19. WEBER-BEN SAÏD. *Mai-juin 1968, La Répétition générale*. Paris, Maspero, 1968.

20. WOLHFORTH, Tim. *The Struggle for Marxism in U.S.A.* Londres, *Fourth International*, vol. 1, nº 3; vol. 2, nº 2, vol. 3, n.os 2 e 3.

É necessário acrescentar a esta lista várias edições importantes e acessíveis, desde o estabelecimento desta bibliografia:

I) Obras de Trostki:

1. *Défense du marxisme*. Paris, E.D.I., 1972; reed. 1976; Prefácios de P. NAVILLE e J.-J. MARIE.

2. *La Lutte antibureaucratique en U.R.S.S.* Paris, Plon, 1975, 2 vols., Col. "10-18", Apresentação de J.-L. DALLEMAGNE.

3. *L'Appareil policier du stalinisme*. Paris, Plon, 1976. Col. "10-18", Prefácio de Denise Avenas.

4. *Trotsky et le trotskysme* (Seleção de textos feita por J. Pluet). Paris, A. Colin, 1971.

II) Sobre Trotski:

1. COMBY, L. *Léon Trotsky*. Paris, Masson, 1976. Contém, após uma apresentação biográfica de Trotski, uma abordagem dos problemas históricos colocados pela atividade de Trotski.

HISTÓRIA NA PERSPECTIVA

NOVA HISTÓRIA E NOVO MUNDO – Frédéric Mauro (D013)
HISTÓRIA E IDEOLOGIA – Francisco Iglésias (D028)
A RELIGIÃO E O SURGIMENTO DO CAPITALISMO – R. H. Tawney (D038)
1822: DIMENSÕES – Carlos Gulherme Mota e outros (D067)
ECONOMIA COLONIAL – J. R. Amaral Lapa (D080)
DO BRASIL À AMÉRICA – Frédéric Mauro (D108)
HISTÓRIA, CORPO DO TEMPO – José Honório Rodrigues (D121)
MAGISTRADOS E FEITICEIROS NA FRANÇA DO SÉCULO XVII – R. Mandrou (D126)
ESCRITOS SOBRE A HISTÓRIA – Fernand Braudel (D131)
ESCRAVIDÃO, REFORMA E IMPERIALISMO – R. Graham (D146)
TESTANDO O LEVIATHAN – Antonia Fernanda P. de Almeida Wright (D157)
NZINGA – Roy Glasgow (D178)
A INDUSTRIALIZAÇÃO DO ALGODÃO EM SÃO PAULO – Maria Regina de M. Ciparrone Mello (D180)
HIERARQUIA E RIQUEZA NA SOCIEDADE BURGUESA – A. Daumard (D182)
O SOCIALISMO RELIGIOSO DOS ESSÊNIOS – W. J. Tyloch (D194)
VIDA E HISTÓRIA – José Honório Rodrigues (D197)
WALTER BENJAMIN: A HISTÓRIA DE UMA AMIZADE – Gershom Scholem (D220)
COLÔMBIA ESPELHO AMÉRICA – Edvaldo Pereira Lima (D222)

NORDESTE 1817 – Carlos Guilherme Mota (E008)
CRISTÃOS-NOVOS NA BAHIA – Anita Novinsky (E009)
VIDA E VALORES DO POVO JUDEU – Cecil Roth e outros (E013)
HISTÓRIA E HISTORIOGRAFIA DO POVO JUDEU – Salo W. Baron (E023)
O MITO ARIANO – Léon Poliakov (E034)
O REGIONALISMO GAÚCHO – Joseph L. Love (E037)
BUROCRACIA E SOCIEDADE NO BRASIL COLONIAL – Stuart B. Schwartz (E050)
DAS ARCADAS AO BACHARELISMO – Alberto Venancio Filho (E057)
HISTÓRIA DA LOUCURA – Michel Foucault (E061)
DE CRISTO AOS JUDEUS DA CORTE – Léon Poliakov (E063)
DE MAOMÉ AOS MARRANOS – Léon Poliakov (E064)
DE VOLTAIRE A WAGNER – Léon Poliakov (E065)
A EUROPA SUICIDA – Léon Poliakov (E066)
JESUS E ISRAEL – Jules Isaac (E087)
MISTIFICAÇÕES LITERÁRIAS: "OS PROTOCOLOS DOS SÁBIOS DE SIÃO" – Anatol Rosenfeld (EL03)
PEQUENO EXÉRCITO PAULISTA – Dalmo de Abreu Dallari (EL11)
GALUT – Itzhack Baer (EL15)
DIÁRIO DO GUETO – Janusz Korczak (EL44)
O XADREZ NA IDADE MÉDIA – Luiz Jean Lauand (EL47)
O MERCANTILISMO – Pierre Deyon (K001)
FLORENÇA NA ÉPOCA DOS MÉDICI – Alberto Tenenti (K002)
O ANTI-SEMITISMO ALEMÃO – Pierre Sorlin (K003)
MECANISMOS DA CONQUISTA COLONIAL – Ruggiero Romano (K004)
A REVOLUÇÃO RUSSA DE 1917 – Marc Ferro (K005)
A PARTILHA DA ÁFRICA NEGRA – Henri Brunschwig (K006)
AS ORIGENS DO FASCISMO – Robert Paris (K007)
A REVOLUÇÃO FRANCESA – Alice Gérard (K008)
HERESIAS MEDIEVAIS – Nachman Falbel (K009)
ARMAMENTOS NUCLEARES E GUERRA FRIA – Claude Delmas (K010)
A DESCOBERTA DA AMÉRICA – Marianne Mahn-Lot (K011)
AS REVOLUÇÕES DO MÉXICO – Américo Nunes (K012)
O COMÉRCIO ULTRAMARINO ESPANHOL NO PRATA – E. S. Veiga Garcia (K013)
ROSA LUXEMBURGO E A ESPONTANEIDADE REVOLUCIONÁRIA – Daniel Guérin (K014)
TEATRO E SOCIEDADE: SHAKESPEARE – Guy Boquet (K015)
O TROTSKISMO – Jean-Jacques Marie (K016)
A REVOLUÇÃO ESPANHOLA 1931-1939 – Pierre Broué (K017)

Coleção Khronos

1. *O Mercantilismo*, Pierre Deyon.
2. *Florença na Época dos Médici*, Alberto Tenenti.
3. *O Anti-Semitismo Alemão*, Pierre Sorlin.
4. *Mecanismos da Conquista Colonial*, Ruggiero Romano.
5. *A Revolução Russa de 1917*, Marc Ferro.
6. *A Partilha da África Negra*, Henri Brunschwig.
7. *As Origens do Fascismo*, Robert Paris.
8. *A Revolução Francesa*, Alice Gérard.
9. *Heresias Medievais*, Nachman Falbel.
10. *Armamentos Nucleares e Guerra Fria*, Claude Delmas.
11. *A Descoberta da América*, Marianne Mahn-Lot.
12. *As Revoluções do México*, Américo Nunes.
13. *O Comércio Ultramarino Espanhol no Prata*, Emanuel Soares da Veiga Garcia.
14. *Rosa Luxemburgo e a Espontaneidade Revolucionária*, Daniel Guérin.
15. *Teatro e Sociedade: Shakespeare*, Guy Boquet.
16. *O Trotskismo*, Jean-Jacques Marie.
17. *A Revolução Espanhola 1931-1939*, Pierre Broué.

Este livro foi impresso na
LIS GRÁFICA E EDITORA LTDA.
Rua Visconde de Parnaíba, 2.753 - Belenzinho
CEP 03045 - São Paulo - SP - Fone: 292-5666
com filmes fornecidos pelo editor.